KB150111

How to Think like

STEVE JOBS

- - - - - - - - - - - - - - - - - - -

DANIEL SMITH

How to Think Like Steve Jobs by Daniel Smith
First published in Great Britain in 2013 by Michael O' Mara Book Limited

Copyright ⓒ Michael O' Mara Books Limited 2013
All rights reserved.

Korean translation ⓒ Dodo Publishing Co., Ltd., 2015
This Korean edition is published in agreement
with MICHAEL O' MARA BOOKS LIMITED, London, England
through Yu Ri Jang Literary Agency, Seoul.

이 책의 한국어판 저작권은 유리장 에이전시를 통해 저작권자와 독점 계약한 (주)도서출판 도도에
있습니다. 신저작권법에 의해 한국 내에서 보호를 받는 저작물이므로 무단 전재와 무단 복제를
금합니다.

잡스처럼
How to Think like STEVE JOBS
생각하기

다니엘 스미스 지음 | 허수빈 옮김

프롤로그

Prologue

Steve Jo

프롤로그

스티브 잡스는 자신이 만든 제품으로 세상을 떠난 자신의 소식을 사람들에게 알렸다. 그가 이 세상에서 무엇을 이뤘는지 이보다 더 잘 보여 줄 방법이 있을까.

― 버락 오바마 Barack Obama

2011년 10월 5일 스티브 잡스Steve Jobs가 췌장암 합병증으로 타계했다는 소식이 들려오자 상공업계 역사상 전례 없는 애도의 물결이 일어났다. 전 세계 TV와 라디오는 앞다퉈 그의 부고를 알렸고, 수많은 신문사와 잡지사 역시 1면에 이 소식을 대서특필했다. 트위터를 통해서도 소식이 빠르게 퍼져 나갔다.

온라인 모임 및 소셜 네트워크 사이트에 올라온 추모 메시지는 수를 헤아릴 수 없을 정도였고, 중국 내에서 집계된 수치만도 3천5백만 개였다. 전 세계 각국의 정계, 재계, 연예계 인사들도 잡스의 죽음에 애도를 표하며 그가 남긴 놀라운 삶의 궤적을 기렸다. 故 다이애나 왕세자비 같은 문화 인사나 유명 음악인 혹은 배우에게나 쏟아질 법한 반응이었지만 사실 그리 새삼스럽지도 않았던 건 그가 우리 삶에 미친 영향과 앞으로 미칠 영향이 그만큼 지대하기 때문일 테다.

잡스의 삶이 내게 미친 영향을 알아보기 위해 꼭 맥Mac이나 아이팟iPod, 아이폰iPhone을 사용할 필요는 없다. 잡스가 없었더라면 뉴스 미디어나 연예계, 인터넷, 정치 및 비즈니스가 오늘날의 모습을 갖추지 못했을 거라고 말해도 과언이 아니지 싶다. 잡스의 발명품은 이들 세계가 돌아가는 방식 자체를 바꿔 놨을 뿐만 아니라 기술 및 사업 방식에 대한 사회적 태도 또한 변화시켰다. 트위터에 이런 말이 있다. '세계는 세 가지 사과로 정의할 수 있다. 첫 번째는 이브Eve가 먹은 사과, 두 번째는 중력의 법칙을 발견한 물리학자 뉴턴의 머리 위에 떨어진 사과 그리고 세 번째는 스티브 잡스가 만든 사과이다.'

故 스티브 잡스에게 쏟아진 찬사가 놀라운 건 그를 실제로 만나 본 적도 없는 수백만 명의 사람들이 그에게 진정한 유대를 느꼈다는 점이다. 이들은 모두 잡스가 제시한 가치를 나름의 방식으로 수용한 '잡스 팀Team Jobs'의 일원이었다. 일부 사람들에게 잡스는 그냥 천재였다. 또 다른 이들은 그를 발명가이자 혁신가, 한계를 허물며 앞을 내다보는 사람, 개성으로 똘똘 뭉친 사람, 영감이 되는 존재로 기억한다. 누구와도 견줄 수 없는 물리적 성공을 이룬 그에게는 기발한 아이디어를 포착하고 거기에 위대함을 불어넣는 마법 같은 능력이

있다. 19세기 말 사람들이 보편적으로 가지고 있는 성격이나 심리적 특징, 이야기 등을 자신만의 특성으로 여기는 심리적 경향을 포착해 센세이션을 일으킨 바넘P.T. Barnum에 견줄 수 있는 잡스는 '지구상에서 가장 위대한 전자기기' 신제품을 꾸준히 선보이며 솜씨 좋게 우리의 소유욕을 파고들었다.

잡스를 그리 좋아하지 않는 사람들은 그가 심술궂은 데다 소비지상주의의 아이콘이며 베끼는 데 일가견이 있다고 말한다. 그와 관련한 이런 갖가지 평판은 모두 일리가 있다. 잡스가 위대한 사람이었는지는 몰라도 항상 좋은 사람인 건 아니었다. 그럼에도 한 가지 분명한 건 그는 고유명사 같은 유일무이한 존재였다는 점이다.

스티브 워즈니악Steve Wozniak과 함께 잡스는 PC 사업에 혁신을 일으켰다. 당시로서는 정말 대단한 업적이었기에 이것 하나만으로도 20세기 역사에 족적을 남기기에 충분했다. 그러나 잡스는 거기서 멈추지 않았다.

1990년대 중반엔 픽사Pixar를 인수해 애니메이션 영화와 영화 산업의 판도를 바꿔 놓았다. 그다음 20세기가 저물고 새로운 세기가 시작되는 시점부터 애플Apple의 경이적인 창의력이 발현되는 과정을 진두지휘했다. 애플은 아이맥iMac으로 PC 세계를 소생시켰고, 뒤이어 선보인 아이팟으로는 불과 10년 전만 해도 상상조차 할 수 없었던 방식으로 음원 사업의 신지평을 열었다. 여기에 아이폰을 탄생시켜 사용자의 삶을 주머니 속 작은 전자기기 안에 쏙 집어넣는 혁신을 이뤘다.

잡스의 이런 놀라운 행보 가운데서도 가장 위대한 성취라면 그가 가진 근본적인 괴짜스러움을 멋지고 섹시함으로 탈바꿈시켰다는 점이다. 그는 우리 모두가 나름의 괴짜스러움을 갖고 있으며, 누구든 이를 충분히 발휘할 수 있다고 느끼게끔 했다. 또한 그는 혁신을 포용하는 과정에서 항상 일이 잘될 수만은 없다는 점도 알고 있었다. 완벽주의자에 가까운 그도 다음번에 더 나은 결과를 낼 수 있는 기반이 되어 줄 지식은 오로지 경험에서 짜낼 수밖에 없음을 인정했다. 그는 이렇게 말했다. **"혁신을 하다 보면 실수도 합니다. 그럴 땐 빨리 인정하고 다른 혁신에 집중하는 수밖에 없습니다."**

잡스가 발명한 모든 제품은 기본적인 걸 제대로 하자는 그의 철학에 뿌리를 두고 있다. 물론 제품 외관이 어느 정도 본능적인 호감을 불러일으킬 수 있어야 한다는 점에는 그도 공감했다. 2000년 <포춘 Fortune> 인터뷰를 통해 **"화면 위 버튼은 보는 사람이 핥고 싶다고 생각할 정도로 매력적으로 만들었다."**라고 말한 걸 보면 알 수 있다. 그러나 매끈하고 매력적인 외관을 만드는 건 자유지만 제 기능을 못 하면 아무 소용없다는 점 또한 잡스는 익히 알고 있었다. 2003년 그는 이렇게 말한 바 있다. **"어떻게 보이느냐, 어떤 느낌으로 다가오느냐가 다가 아니다. 디자인은 어떻게 작동하느냐의 문제이기도 하다."**

이 시대를 대표하는 머스트-해브must-have 제품을 탄생시킨 장본인이자 마이더스의 손을 지닌 잡스는 단순히 '규칙을 깨는' 사람이 아니었다. 그는 아예 규칙을 새로 썼다. 자신의 말마따나 '우주에 흔적을 남기는' 발명에 일생을 바친 사람이었다. 그런 면에서 잡스는 제대로 성공한 사람이다.

이 책은 이 비범한 인물, 주로 경외의 대상이었지만 종종 그렇지 않을 때도 있었던 한 사람의 말과 행동을 살펴보고, 그의 마음속을 들여다볼 수 있는 여정으로 여러분들을 초대하고자 한다.

Part Ⅱ

 정상에 머물다

정상을
향하다
PART I

나는 달빛 아래서 처녀가 딴 잎만 먹겠다.

———————————————————————————————

I will only eat leaves picked by virgins in the moonlight.

스티브 잡스 *Steve Jobs*

아웃사이더가 되어라

🍎

타인의 의견 때문에 자신의 마음속에서 나오는 진실된 목소리를 지우지 마라. 자신의 직감을 믿는 용기를 가져라.

― 스티브 잡스 Steve Jobs

엄청난 부를 거머쥔, 기업계를 평정한 남자 스티브 잡스는 양복을 말쑥이 차려 입은 부유한 백인 중년 남성의 전형을 제대로 잘 피해 갔다.

잡스는 소비자들에게 자사 제품을 구매하는 것은 단순히 회사 매출만 늘려주는 데 그치지 않고, 자신의 개성과 창의성을 발현시키는 첫걸음을 떼는 행위라 설득하는 희한한 재주가 있었다. 이 말은 곧 '잡스 팀에 들어와라. 우리 아웃사이더 무리에 동참해 함께 벽을 허물자.'라는 뜻인 듯하다.

잡스는 어떻게 이를 해낸 걸까? 그 비결은 의외로 간단했다. 스스로가 철저한 아웃사이더였기 때문이다.

순탄치 않은 시작

1955년 2월 24일 세상에 태어난 순간부터 잡스는 평범함과는 거리가 멀었다. 아직 학생이던 시리아 출신 아버지 존 잔달리John Jandali와 앳된 외모의 어머니 조앤 시블Joanne Schieble 사이에서 태어난 잡스는 외할아버지 즉 어머니 조앤의 아버지가 두 사람의 결합을 인정하지 않아 즉시 입양 보내졌다. 적극적인 입양 의사를 밝혀 잡스를 양자로 삼은 폴과 클라라 잡스Paul and Clara Jobs 부부는 비록 형편은 쪼들렸지만 아이에게 줄 사랑만큼은 넉넉했던 좋은 사람들이었다.

뜻밖의 행운

출생 직후의 상황은 순탄치 않았지만 좋은 양부모와 인연을 맺게 된 건 잡스에게 상당한 행운이었다. 부부는 아이에게만큼은 가장 좋은 걸 해 주고 싶다는 생각에 본인들은 못 밟은 대학교 문턱을 아이는 밟게 하겠다고 다짐했다. 대학교 학비를 모으겠다고 악착같이 일하며 열심히 사는 한편, 아버지 폴은 자신이 가진 온갖 종류의 가전 및 기기에 대한 진지한 열정을 잡스에게 고스란히 물려주었다. 열렬

한 자동차광이었던 폴은 짬이 날 때마다 오래된 차량을 수리해서 다시 팔곤 했다. 잡스가 어느 정도 말귀를 알아들을 나이가 되자 폴은 그에게 기기 분해 및 조립법을 알려 주기 시작했는데, 이때 알려 준 기술이 나중에 잡스에게 그렇게나 유용하게 쓰일 줄은 꿈에도 몰랐을 것이다.

교육

잡스는 그래도 집에서는 차분한 편이었지만 밖에서는 나날이 아웃사이더 기질을 굳혀 갔다. 영리한 아이였지만 학교에서는 징계 처분이 끊일 날이 없었다. 고등학교 졸업식에선 가운뎃손가락 욕이 그려진 현수막을 내걸려는 계획을 꾸미기도 했다. 사춘기에 접어들자 아웃사이더 기질은 더욱 심해져 머리는 산발을 하고 심기는 늘 불편한 10대 청소년의 모습을 보였다. 그 시기가 원래 그런 시기인 걸 감안하면 이상할 일도 아니지만 잡스의 경우 이런 질풍노도의 시기가 대학교 입학 후에도 이어졌다.

잡스의 부모님은 있는 돈 없는 돈 끌어다 오리건 주 포틀랜드에 있는 리드 칼리지Reed College에 그를 입학시켰다. 인문교양학 과목으로 유명한 이 학교에서 잡스는 괴짜로 통했다. 1960년대 말과 1970년대 초 미국 사회를 휩쓴 반문화 운동에 뛰어든 그는 마약도 해 보고, 영적인 탐구도 해 보고 사과 농장에서 일하며 시간을 보내다가 결국 대학교를 중퇴하기에 이르렀다.

실험

잡스는 식습관에 관한 책을 읽다가 오로지 과일, 견과류, 씨앗 등을 주식으로 하며 육식을 철저히 배제하는 과일식에 심취하게 되었다. 푸드 패디즘[1] 경향을 보이기도 했던 그는 자신의 자서전 집필을 담당한 월터 아이작슨Walter Isaacson에게 **"나는 달빛 아래서 처녀가 딴 잎만 먹겠다."**라고 말하기도 했다. 그는 당근이나 사과 등 특정 음식만 내도록 먹다가 또 며칠간은 일절 먹지 않는 극단적인 식습관을 갖고 있었다.

잡스는 육식을 일절 하지 않는 이 식습관을 유지하면 몸에서 냄새가 덜 날 것이라 생각했지만 그야말로 착각이었다. 그가 췌장암 초기

---

1 건강을 해칠 정도로 음식에 대한 잘못된 인식을 갖는 태도

진단을 받자 동료들은 그제야 잡스에게 몸 냄새에 대해 언급했다고
한다.

괴짜라 불린 천재

아타리Atari에 입사한 후에도 잡스의 제멋대로인 삶은 계속되었다.
몸에서 악취를 폴폴 풍긴 데다 머리는 길게 늘어뜨려 깎을 생각도
하지 않았고 편한 복장으로 사무실을 어슬렁거리는, 그것도 맨발로
돌아다니는 습관을 갖고 있었다.

애플 설립 초기에는 잡스의 이런 면모 때문에 투자 건을 하나 날
린 적도 있었다. 회의에 모습을 드러내자마자 상대방에게 적나라한
언행을 퍼부으며 괴짜 성격을 가감 없이 드러낸 것이다. 그는 또한
즉석 족욕에 맛을 들였는데 변기에 다리를 넣고 물을 내리는 것이
그의 족욕법이었다.

잡스가 보통 사람들과 자신을 다르게 묘사한 이유는 그는 정말 보
통 사람들과 달랐기 때문이었다. 세상을 떠나는 날까지도 그는 철저
한 아웃사이더였고, 그런 포지션이 그로 하여금 자신만의 독특한 시
각을 갖게 했다.

아웃사이더가 되려면 과일만 먹거나 데오도란트는 손도 대지 말아야 한다는 뜻이 아니다. 남들과 다른 삶을 살기가 상당히 눈치 보이는 이 세상에서 잡스의 삶은 내 안의 아웃사이더 기질을 잘 보듬어 줌으로써 얻을 수 있는 장점을 객관적으로 보여 주는 교훈과도 같다.

우리에게 주어진 시간은 정해져 있으니 타인의 삶을
사는 데 괜히 시간 낭비하지 마라. 다른 사람 소리에
내 마음의 소리가 묻히지 않도록 하라. 가장 중요한
건 내 마음과 직관이 이끄는 대로 따라갈 수 있는 용
기를 갖는 것이다.

Your time is limited, so don't waste it living someone else's life.
Don't let the noise of other's opinions drown out your own inner
voice. And most important, have the courage to follow your heart
and intuition.

스티브 잡스 *Steve Jobs*

나만의 길로 가라

🍎

잡스는 미국이 낳은 위대한 혁신가 중 한 사람이다. 남다른 사고를 할 수 있을 만큼 용감했고, 세상을 바꿀 수 있다고 믿을 만큼 과감했으며 이를 실제로 해낼 수 있는 능력을 가진 사람이었다.

― 버락 오바마 Barack Obama

주류와는 거리가 멀었던 잡스는 자신만의 맞춤형 삶의 철학을 개발해 나갔다. 젊은 시절에 보인 기이한 행동들은(나이 들어서도 종종 그런 모습을 보였지만) 언뜻 사람들 눈엔 일부러 저러는 것처럼, 제멋대로인 듯 보이기도 했겠지만 새로운 생각, 반문화적 생각을 포용하려 했던 그의 굳건한 의지는 일과 관련해 그에게 큰 도움을 주었다. 아웃사이더 기질이 그에게 자유로운, 기존의 틀을 벗어난 사고를 가능케 했기 때문이다.

리드 칼리지에 들어가겠단 선택은 참 잡스다웠다. 캘리포니아 주

립대학교나 학비가 조금 더 저렴한 공립 대학교를 선택하던 또래 친구들의 '주류적' 선택이 그에겐 고려 대상이 아니었다. 덕분에 부모 등골은 휘었지만 잡스의 양부모는 입양 당시 그를 대학에 보내겠다는 약속을 한 사람들이었고, 자유분방하고 독립적인 분위기로 널리 알려진 리드 칼리지에 진학하겠다는 잡스의 결심 역시 확고했다.

대학생이 된 잡스는 자아 찾기에 나섰다. 향정신성 약물 LSD에 조금 손을 대기도 했는데, 나중에 그는 그때 그 사건이 인생에서 가장 결정적인 역할을 한 경험 중 하나라고 말한 바 있다. 그는 **친구들과 모여 앉아 베트남전 반대 운동, 밥 딜런으로 대표되는 히피 문화와 '마음과 정신, 영혼'에 대한 책들에 심취했으며 특히 불교의 선禪을 깨닫고자 했다.**

이렇게 다른 데 정신 팔려 있으니 학교 성적이 엉망이 되는 건 당연한 수순이었고, 결국 1학기를 마치고 자퇴하기에 이르렀다. 이 결정에 부모도 속이 상했을 테지만, 애초부터 이 학교에 가겠다고 고집을 부렸던 잡스의 자존심에도 생채기가 났을 터였다. 그러나 이 결정으로 잡스는 인생에서 중요한 시기로의 전환을 맞게 된다. 인도로 배낭여행을 떠난 것이다.

대학교 친구와 함께 떠난 이 여행은 잡스에겐 통과 의례와도 같았다. 치렁치렁하게 길렀던 머리를 자르고 배탈로 고생도 하며, 영적 스승과 만나기도 했던 이 여행은 그에게 정말이지 값진 시간을 선사했다. 인도에서 몇 달을 보내고 그는 캘리포니아로 돌아왔다. 진정한 자아는 아직 찾지 못했을지라도 인도에서 얻은 그 강렬한 경험은 그가 독서를 통해 체득한 불교의 선 사상을 한층 강화시켰다. 잡스는 이에 대해 '직관과 경험적 지혜의 힘'을 배웠다고 말했다. 선을 탐독하는 과정에서 그는 지적 사유보다 개인적 경험에 더 가치를 두게 되었다.

남들이 합리적 사고를 바탕으로 결정을 내릴 때 자신의 직관을 따르려는 의지는 이후 경쟁이 치열한 IT 시장에서 그를 독보적인 존재로 우뚝 서게 한 결정적 요소가 되어 준 셈이다.

Episode 01 ─────────────────────────

스티브 잡스는 어떤 책을 읽었나?

스티브 잡스의 서재를 들여다보면 그의 영감과 개인적 철학이 어디서 왔는지에 대한 감을 잡을 수 있다. 잡스는 독서에 관해서는 잡식성이었다. 살아생전에 플라톤에 대한 애정이 대단했는데 서양 철학의 근간을 닦은 플라톤의 예술과 과학에 대한 열정에서 자신의 모습을 봤기 때문인지도 모르겠다.

그는 고전도 즐겼다. 왕권을 잃은 자의 최후가 어떠한지를 여실히 보여 주는 윌리엄 셰익스피어William Shakespeare의 『리어 왕King Lear』을 특히 좋아했다. CEO를 꿈꾸는 사람이라면 특히 흥미를 느낄 만한 이야기이다. 미국 문학 작품 중 인간의 영혼에 대한 심도 있는 탐색으로 유명한 허먼 멜빌Herman Melville의 『모비딕Moby Dick』도 그를 사로잡은 작품 중 하나이다. 그는 파격적인 형식이면서도 대중적인 감성을 놓치지 않고 잡아낸 딜런 토마스Dylan Thomas의 시도 좋아했는데, 작품을 발표할 때마다 센세이션을 일으키는 것으로 유명했던 이 시인 자체에 호감을 느끼기도 했다.

잡스가 즐겨 읽은 것으로 잘 알려진 주요 책 몇 가지를 소개하자면 다음과 같다.

작은 지구를 위한 식습관 Diet for Small Planet
프란시스 무어 라페 | Frances Moore Lappe (1971)
────────────────────────────────

수백만 부가 팔려 나간 인기 서적으로 개인과 지구 모두를 살리는 식습관 개발을 장려하는 내용을 담고 있다. 잡스는 이 책을 읽고 육식을 중단하기로 결심했다.

30

지금 여기에 존재하라 Be Here Now
리처드 앨퍼트 | Richard Alpert (1971)

히피 운동의 주요 산물이자 비틀즈The Beatles의 멤버 조지 해리슨George Harrison
이 영감을 받아 동 제목의 곡을 쓴 것으로도 유명한 책이다. 람 다스Ram Dass라
고도 알려진 저자의 영성, 명상 및 요가에 대한 이론이 담겨 있다.

요가난다, 영혼의 자서전 Autobiography of a Yogi
파라마한사 요가난다 | Paramahansa Yogananda (1946)

인도 출신으로 동양과 서양을 넘나들며 영적 모험을 떠난 저자의 이야기를 담은
책이다. 하퍼 콜린스HarperCollins 출판사가 실시한 설문 조사에서 20세기 100대
영적 지침서 중 하나로 선정된 이 책을 잡스는 10대에 처음 접해 1년에 한 번씩은
꼭 읽었다고 한다.

우주의식 Cosmic Conciousness : A Study in the Evolution of the Human Mind
리처드 모리스 버크 | Richard Maurice Bucke (1901)

저자가 1870년대에 겪은 신비한 경험을 바탕으로 한 우주 의식에 대한 개론이 담
긴 책이다. 저자는 우주를 단순한 물질이 아닌 살아 있는 존재이며, 인간이나 동물
이 의식을 갖고 있듯 우주도 그러하다고 주장한다.

행복한 명상 Meditation in Action
촉얌 트룽빠 | Chögyam Trungpa (1969)

명상 입문자들이나 숙련자들을 위해 티베트 승려가 소개하는 불교 명상법이 담겨 있다. 저자는 명상을 통해 얻을 수 있는 상태(명쾌함, 단련, 에너지, 관용, 인내, 지혜 등)가 삶을 살아가며 우리가 마주하는 난관을 이겨내는 데 어떻게 정신 무장을 시켜 주는지에 대해 설명한다.

영적 물질주의를 해부하다 Cutting Through Spiritual Materialism
촉얌 트룽빠 | Chögyam Trungpa (1973)

1970년, 1971년 강연 내용을 바탕으로 의식적으로 영적주의를 추구하는 행위가 어떻게 진정한 자기 인식을 무력화시키는지에 대해 설명한다.

디톡스 식습관의 치유 체계 The Mucusless Diet Healing System : Scientific Method of Eating Your Way to Health
아르노트 에렛 | Arnold Ehret (1922)

식습관이 건강에 미치는 영향, 특히 건강한 식습관이 불치병이라 생각했던 병을 치유하는 역할도 할 수 있다는 내용을 소개한다. 에렛 박사는 과일과 허브, 녹말이 포함되지 않은 채소 등 '무無점액질 음식' 위주의 식습관을 추천한다. 이 책은 잡스의 식습관 형성에 큰 영향을 미쳤다.

합리적 금식 Rational Fasting
아르노트 에렛 | Arnold Ehret (1926)

앞서 소개한 '무점액질 식단'으로 서서히 전환해 나가는 방법을 담고 있다.

지구백과 The Whole Earth Catalog
스튜어트 브랜드 | Stewart Brand (1968~1972)

1968년부터 1972년 사이에 발간된 정기 간행물로 1998년까지 뜨문뜨문 나오기도 했다. 반문화 운동과 관련한 도구 및 기술을 어디서 찾을 것인지에 대한 정보를 제공한다. 잡스는 이 책을 일컬어 '우리 세대의 바이블'이며 '구글이 탄생하기 35년 전에 나타난, 책 버전 구글'이라고 말했다. 잡스가 특히 자주 읊었던 'Stay hungry, stay foolish'라는 말은 이 책의 최종판에서 따온 것이라고 한다.

선심초심 Zen Mind, Beginner's Mind
스즈키 순류 | Shunryu Suzuki (1970)

미국 로스 앨토스Los Altos에서 영성 센터를 운영하는 불교 스님의 말씀을 엮은 책이다. 지성주의에서 한 걸음 물러나라는 메시지를 담은 이 책은 대표적인 불교 명상 서적으로 꼽힌다.

혁신은 복도에서 만나 이야기 나누는 사람들, 저녁 10시 반에 전화를 걸어 이야기를 나누는 사람들로부터, 이들이 가진 새로운 아이디어로부터 온다. 문제를 어떻게 해결할지 끊임없이 생각하는 과정에서 사람들은 무언가 깨닫게 마련이기 때문이다.

Innovation comes from people meeting up in the hallways or calling each other at 10,30 at night with a new idea, or because they realized something that shoots holes in how we've been thinking about a problem.

스티브 잡스 *Steve Jobs*

사람을 제대로 만나라

📱

> 기술은 사실 별것 아니다. 중요한 건 나와 함께하는 사람들이 근본적으로 유능하고 똑똑하다는 믿음을 갖고 이들에게 필요한 도구를 쥐어 주면 이들은 알아서 놀라운 일을 해낸다는 점이다.
>
> — 스티브 잡스 Steve Jobs

적재적소

캘리포니아 샌타클래라 밸리Santa Clara Valley에서 자란 잡스는 자신의 전문성을 추구하기에 딱 좋은 환경과 시기를 타고난 행운아였다. 1960년대부터 IT 기업들은 하나둘씩 샌타클래라 밸리에 자리를 잡기 시작했고, 1970년대가 되자 엄청난 수를 형성하기에 이르렀다. 이곳이 바로 오늘날 실리콘 밸리Silicon Valley로 알려진 그곳이다. 실리콘 밸리라는 이름은 마이크로 프로세서 작동에 중요한 역할을 하는 실리콘 트랜지스터에서 파생되었다. 이들 IT 업체 대부분은 스탠포드 대학교나 아이비리그 대학교 출신들로 이뤄져 있었다. 2000년 미국

매사추세츠 공과대학교 티머시 J. 스터전Timothy J. Sturgeon박사는 이런 말을 했다. "실리콘 밸리의 과거와 현재를 연결하는 가장 끈끈한 끈은 뛰어난 공학도들에 의해 개발되었고, 영리한 자본과 만나 거듭 발전하는 첨단 기술과 제대로 놀아 보겠다는 그 투지이다. 이 투지가 실리콘 밸리를 오늘날과 같은 첨단기술 산업 단지로 키웠다."

스티브 잡스가 실리콘 밸리에서 태어나지 않았더라면 아마 그는 나름의 방식으로 실리콘 밸리에 어떻게든 입성했을 것이다. 이 말은 역사의 어느 특정 시기에 실리콘 밸리에 있었다는 점이 잡스에겐 우연의 일치였겠지만 이를 통해 어느 정도 유리한 고지를 선점할 수 있었다는 뜻이기도 하다. 영화 하면 할리우드, IT 하면 실리콘 밸리 아니겠는가.

유유상종

결정적으로 잡스는 어릴 때부터 자신의 관심사, 능력 및 아이디어를 발전시키는 데 도움이 되는 유유상종의 사람들을 많이 만났다. 고등학교 때 만난 빌 페르난데즈Bill Fernandez는 잡스와 인생에 대해, 과학에 대해 많은 의견을 나눈 친구였다. 페르난데즈 역시 애플 창립 멤버였으며, 후대 사람들에겐 잡스와 애플 공동 창업주인 스티브 워즈니악을 소개시켜 준 인물로 기억될 만하다.

정말 제대로 기술에 미친 사람이었던 워즈니악은 1970년대 초에 이미 매뉴얼을 읽고 설계를 하며, 서킷 보드(전기 회로 기판)를 만드는 등 자신만의 컴퓨터를 만들겠다는 원대한 포부를 갖고 있었다.

잡스와 마찬가지로 그도 직접 부딪치며 배워 나갔고, 그 과정에서 실수가 발생해도 괘념치 않았다. 이제는 누구나 아는 사실이지만 어떤 면에서는 참 다른 이 두 사람은 신지평을 여는 여정에서 서로에게 영감이 되어 주는 찰떡궁합이었다. 두 사람의 호흡은 이후 더욱 진가를 발휘했다.

리드 칼리지에 진학한 잡스는 대니얼 콧키Daniel Kottke를 비롯해 애플 창업에 일조한 몇몇 친구들과 인연을 쌓게 된다. 두 사람은 잡스가 다녔던 한 학기 동안만 어울리는 데 그치지 않고 인도로의 자아 찾기 여행도 함께 떠났다. 페르난데즈와 콧키는 몇 년 후 애플 창업 시 원년 멤버로 함께했다.

질문하기

어린 잡스에게 중요한 영향을 미친 또 다른 사람이 있었으니, 그는 바로 오랜 역사를 자랑하는 실리콘 밸리의 터줏대감인 휴렛팩커드 Hewlett-Packard(이하 HP) 소속 엔지니어였던 래리 랭Larry Lang이었다. 잡스와 한 동네에 살았던 랭은 전자공학에 특별한 관심을 보였던 어린 잡스를 잘 품어 주며 멘토 역할을 해 주었다.

특히 랭은 잡스에게 미시건 주에 소재했던 히스 사the Heath Company 가 1947년부터 생산해 온 전자 공학 키트인 '히스 키트Heathkits'를 소개해 주었다. 자신만의 TV 수신기나 시계 겸용 라디오, 놀이용 컴퓨터 등을 만들고자 하는 사람들에게 이 키트는 레지스터, 콘덴서, 진공관, 트랜스포머 등을 이해하는 데 최적인, 그야말로 물건이었다. 탐구심 가득한 어린 잡스에게 이 키트는 가능성의 보고와도 같았다. 몇 년 후 랭은 잡스에게 엔지니어들이 1주일에 한 번씩 모여 대화의 장을 벌이는 HP 탐구자 클럽을 소개했다. 당시 12살이었던 잡스는 이 모임을 통해 가정용 컴퓨터를 어떻게 만들면 좋을지 구체적인 가닥을 잡게 되었다.

잡스는 필요한 사람이 저절로 나타나지 않으면 직접 팔을 걷어붙이고 나가 찾는 배짱도 갖고 있었다. 시와 마이크로 칩에 관심 있는,

자신감이 부족하고 조용하며, 내성적인 데다 가끔 오만하고 고압적인 태도를 보이는 그는 사실 누구나 좋아할 만한 인물은 아니었다. 그러나 당당함이 필요한 상황에서 그에게 자신감을 심어줄 수 있을 만큼의 배짱을 갖춰 나갔다.

이러한 점이 잘 드러난 실제 사례가 있다. HP 탐구자 클럽에 참석한 잡스는 주파수 카운터 만들기에 나섰지만 몇 가지 핵심적인 HP 부품이 부족하다는 문제와 맞닥뜨렸다. 문제의 핵심으로 바로 다가가기 위해 HP 창업주인 빌 휴렛의 신상 정보를 검색해 자택으로 전화를 걸었다. 보통 이런 식의 기습은 푸대접을 받기 마련이지만 잡스는 휴렛과 20분이나 대화를 나눴다. 통화가 끝날 무렵 그는 주파수 카운터 만들기에 필요한 모든 부품을 지원하겠단 약속을 받아냈을 뿐만 아니라 여름 방학 인턴직도 따냈다. 보통 사람 같으면 이러기 쉽지 않을 것이다.

인맥

자신에게 필요한 사람을 찾아내 인연의 끈을 만드는 능력과 그런 인맥을 유지시켜 나가려는 의지는 아주 어린 시절부터 도드라진 잡스의 선천적 기질이었다. 위대함으로 이르는 길은 절대 혼자서 나아 갈 수 없다는 본능적 생각은 그의 인생 전반을 관통해 흘렀다. 놀라 운 일은(아주 예외적인 경우가 아니고서야) 재능 있는 사람들이 함께 비전을 공유하고 영감을 주는 환경에서 함께 일함으로써 해낼 수 있 다는 게 잡스의 생각이었다.

Episode 02 ──────────────────────────────

마법사 워즈

스티브 잡스는 우리 시대의 위대한 기술자이자 사업가로 굳건히 자리매김했지만 일각에서는 스티브 워즈니악이라는 또 다른 유형의 천재가 없었더라면 잡스가 지금과 같은 위치에 오르지 못했을 것이라 주장하는 이들도 있다.

잡스보다 조금 더 연장자였던 워즈의 우수한 기술과 대중이 원하는 에너지, 야망 및 본능을 귀신같이 간파한 잡스의 능력이 절묘한 조화를 이룰 수 있었던 건 분명 하늘이 도운 일이었다. 잡스와 워즈는 산업 역사상 길이 남을 위대한 조합으로 자주 회자되는 만큼, 한두 지면을 할애해 워즈의 삶을 따로 간략히 살펴볼 가치가 있을 듯하다.

스티븐 워즈니악은 1950년 8월 11일 미국 캘리포니아 산호세San Hose에서 출생해 잡스와 마찬가지로 샌타클래라 밸리에서 자랐다. 워즈의 아버지는 당시 미국 최대의 항공기 제조회사였던 록히드 사The Lockheed Corporation의 미사일 엔지니어였기에 미-소 냉전 시대의 최첨단 및 1급 기술 프로젝트에 대해 속속들이 알고 있었다. 집안 환경이 이러하니 어린 워즈가 모든 전자 기기 및 기술에 관심을 갖게 된 것도 전혀 이상할 게 없었다.

잡스와 마찬가지로 워즈 역시 똑똑하고 가능성이 무궁무진한 사람이었지만 학교에 별로 정을 못 붙이고 계산기나 라디오 등 전자 기기를 만드는 데 심취해 시간을 쏟았다. 1968년 그는 콜로라도 대학교에 입학했지만 학비를 마련하기가 여의치 않아 1년 후 학업을 중단할 수밖에 없었다. 그 후 워즈는 쿠퍼티노Cupertino

에 위치한 디앤자 커뮤니티 칼리지De Anza Community College에 다시 들어가 1년을 다녔고, 이후 1년간 휴학해 마련한 학비로 UC 버클리에 재입학했다. 그러나 UC 버클리 역시 중퇴했으며, 이후 실리콘 밸리로 돌아가 HP사에 취직했다. 이 무렵 잡스가 워즈의 인생에 나타나기 시작했다.

빌 페르난데즈의 소개로 만난 두 사람은 잡스가 빌 휴렛 HP 창업주의 제안으로 HP에서 인턴으로 일하면서, 1975년 컴퓨터에 관심 있는 사람들이 모여 만든 홈브루 컴퓨터 클럽Homebrew Computer Club에 함께 참여한 것을 계기로 우정을 다져 나갔다.

워즈에게 1975년은 '경이의 해annus mirabilis'이기도 했는데, MITS사가 키트를 사용해 만든 소형 컴퓨터 알테어 8800Altair 8800이 세상에 모습을 드러냈기 때문이었다. 이 알테어 8800의 등장은 PC 혁명의 불씨를 당겼다. 기본 키트만 439달러였고, 필요한 장비를 모두 구매하려면 몇백 달러를 더 쏟아부어야 했지만 워낙 PC 제작에 대한 열정이 남달랐던 워즈는 자신만의 컴퓨터를 만들어 내는 데 심혈을 기울였다. 그 결과 탄생한 것이 바로 애플 I 으로 애플컴퓨터 사가 선보인 첫 제품이었다.

워즈 스스로도 인정했듯 그는 사업가이기보다 위대한 컴퓨터 공학자로 남길 바랐다. 그는 잡스만큼 한계를 허물고 나아가는, 야망이 가득한 사람이 아니었으며, 애플 I 출시로 벌어들인 수익의 일부를 자신의 취미 활동에 사용했다. 록히드 사에 근무한 아버지의 영향 때문인지 그는 비행에 관심을 보였다. 1981년 2월 워즈가 조종한 소형 항공기가 캘리포니아 스콧츠 밸리의 스카이 파크 공항에서 이륙하자마자 추락하는 사고가 발생했다. 워즈와 탑승객 모두 목숨은 무사했지만 워즈에겐 호된 경험이었다. 이후 일시적 기억 상실증을 앓기도 했다.

1983년 워즈는 다시 애플로 복귀해 기술 행사 주최를 도맡았다. 1985년 그는 잡스와 함께 IT 혁명에 대한 공로를 인정받아 로널드 레이건 대통령으로부터 국가기술훈장을 수여받았다. 1년 후 워즈는 뒤늦게 모교 UC 버클리로 돌아가 컴퓨터과학 및 전자공학 학사과정을 마무리했다. 당시의 워즈라면 교수에게 배우기보다 교수가 그에게 배워야 할 수준이었을 것이다. 사람들 눈에 띄는 걸 하도 싫어해 로키 클락Rocky Clark이란 가명으로 학교를 다녔다. 로키는 강아지 이름, 클락은 아내의 처녀적 성이다.

1987년에 워즈는 그로 하여금 엄청난 부와 명성을 일구게 해 준 애플(비록 그 회사의 '얼굴'은 잡스였지만)을 떠나 새로운 변화에 나섰다. 그러나 여전히 애플 임원으로 등록되어 있어 매년 최소 수백만 달러의 보수를 받고 있다.

애플을 떠난 워즈는 새로운 프로젝트에 몸을 실었다. 프로그램 작동이 가능한 리모컨을 만들어 시장 혁신을 이루고자 했으며, 발 빠르게 발전하는 GPS 기술의 장점을 활용한 애플리케이션을 개발하기도 했고, 텔레커뮤니케이션과 데이터 저장 사업에 뛰어들기도 했다. 그는 또한 부당하거나 근거 없는 형사 소추 시 개인의 자유와 사용자를 보호하기 위한 기술을 홍보하는 전자 프론티어 재단Electronic Frontier Foundation을 공동 창업했다.

네 번의 결혼으로 세 자녀를 둔 워즈는 잡스와 달리 세간의 관심을 결코 원치 않았으며, 그렇다고 잡스와 척을 지고 싶어 하지도 않았다. 그럼에도 그는 진정한 기술 혁명의 핵심에 있었고, 역사에 뚜렷한 족적을 남길 수 있는 기회도 얻었다. 2006년 발간된 워즈의 자서전 제목이 그를 가장 잘 묘사하고 있는 듯하다. 『iWoz: 컴퓨터 괴짜에서 컬트 아이콘으로: 내가 PC를 발명하고 애플을 창업하며, 이 모든 과정을 즐길 수 있었던 이유』

전에는 꿈만 꿨던 걸 이제는 직접 만들게 되었다.
얼마나 멋진 일인가.

_____

We used to dream about this stuff. Now we get to build it.
It's pretty great.

스티브 잡스 *Steve Jobs*

인생 경험을 쌓아라

🍎

> 내가 계속할 수 있었던 유일한 이유는 내가 하는 일을 사랑했기 때문이다. 당신도 사랑하는
> 일을 찾아야 한다. 당신이 사랑하는 사람을 찾아야 하듯 일 또한 마찬가지다.
>
> — 스티브 잡스 Steve Jobs

잡스가 아무리 실수를 해도, 뭔가를 밀어붙이는 그 추진력 하나만큼은 절대 뭐라고 할 수 없다. 그는 삶에 자신을 내던져 경험에 몸을 맡겼고, 일적인 부분에서도 끊임없이 모험을 이어갔다. 인류가 이뤄 놓은 최고의 작품에 자신을 노출시켜야 뭔가를 하려고 할 때 그 경험을 활용할 수 있다며 '도전'의 중요성을 내내 역설했다. 실제로 그는 맥 개발팀을 아는 거라곤 전자공학밖에 없는 협소한 시야를 가진 실력자들로만 꾸리지 않았다. 세계 최고의 컴퓨터 과학자이면서 동시에 음악가이자 시인, 예술가, 동물학자, 역사학자인 다양한 성향의 사람들을 모아 팀을 구성했다. 실력만큼은 너무나도 출중한 기술자들이야 실리콘 밸리에 넘쳐 나지만, 잡스는 늘 이들의 경험 부족을 신랄

하게 비판했다. 삶에 관한 그의 철학은 이러했다. 우리의 인생 경험은 점과 같아서 인생을 살아나가는 길은 이 점과 점을 연결해서 찾을 수 있으며, 점이 얼마 없으면 그을 수 있는 건 직선밖에 없다는 것이다. 잡스는 대상이 무엇이든 직선식으로 접근하는 걸 질색하는 사람이었다. 점과 점을 연결하는 흥미로운 여정은 최적의 목적지를 발견하는 핵심이라고 그는 주장했다.

잡스는 폭넓은 인생 경험을 가진 사람들, 그 경험을 바탕으로 더욱 사람을 이해할 수 있는 사람들과 일하고 싶어 했다. 그는 이것이야말로 기술적인 문제든 그 외의 것이든 사람이 살면서 마주하는 문제에 대한 해법을 찾는 최적의 방법이라고 생각했다.

개인의 경험에 큰 가치를 부여하는 그의 믿음은 그의 삶 깊숙이 영향을 미쳤다. 실리콘 밸리에 입성하겠다는 포부를 가졌던 잡스는 고1 때 전자부품 상점에서 아르바이트를 했다. 이는 잡스에게 용돈벌이도 되면서 앞으로 자신이 하고자 했던 사업의 이모저모를 직접 체화할 수 있는 기회이기도 했다. 이뿐만 아니라 '장사'의 기본과 수익의 중요성에 대해서도 배울 수 있었다. 얼마 지나지 않아 그는 제3자 거래처를 뚫어 전자 부품을 직접 구매해 고용주에게 전달했는데, 본인은 이문을 남기고 고용주는 더 싼 가격에 물품을 공급받으며, 소비자들은 새로운 상품을 써 볼 기회를 갖는 일석삼조였던 셈이다.

리드 칼리지를 중퇴한 후 허송세월할 법도 했지만 잡스는 그렇지 않았다. 공식적으론 자퇴했지만 학교를 계속 다니며 자신의 관심을 별로 끌지 못했던 수업을 계속 들었다. 그중 하나가 캘리그래피calligraphy[2] 수업이었다. 잡스는 자신의 학교 주변에 붙은 포스터가 다른 것에 비해 유난히 눈길을 사로잡는다는 걸 깨달았고, 글씨체 하나로 이렇게 다른 효과를 줄 수 있다는 점에 흥미를 느꼈다. 캘리그래피 수업을 들을 당시만 해도 몇 년 후 애플 맥 소프트웨어를 개발하면서 이때 배운 것을 그렇게나 유용하게 써먹게 될 줄은 꿈에도 몰랐을 것이다. 맥은 글씨체의 'ㄱ' 자도 모르던 사람들에게 광활한 글씨체의 세상을 보여 주며 흥미를 유발시켰다. 맥이 서막을 연 탁상 출판[3]의 시대는 잡스가 1970년대 오리건 주의 한 교실에서 얻은 경험 덕분이라는 덴 의심의 여지가 없다.

---

2 글씨나 글자를 아름답게 쓰는 기술
3 컴퓨터를 이용하여 보고서, 소책자, 서적 등의 인쇄물을 만들어 내는 것

하루하루를 인생의 마지막 날처럼 산다면 언젠가는
바른 길에 서 있을 것이다.

_____

If you live each day as it was your last, someday you'll most cer-
tainly be right.

스티브 잡스 *Steve Jobs*

살아남아라

잡스는 대단한 성과를 이룬 놀라운 사람이다. 생각했어야 하는 것을 미처 생각하기도 전에 단어 몇 개로 표현할 줄 아는 능력을 가졌다.

— 래리 페이지 Larry Page

세상에 태어나자마자 친부모를 떠나 양부모의 손에서 자랐고, 대학교를 중퇴하고 자신이 세운 회사에서 땡전 한 푼 못 받고 쫓겨났으며, 말년엔 건강 악화로 고생하는 등 스티브 잡스의 인생도 여간 굴곡진 것이 아니었다. 이런 굴곡진 인생을 꿋꿋이 견디며 '살아남는 자가 강한 자다.'라는 말을 몸소 입증했다. 적응력이 대단했던 잡스는 낮은 곳을 뛰쳐나와 새로운, 높은 곳을 향해 도약하는 자신만의 길을 개척했다.

늘 계획을 마련하라

리드 칼리지에 입학한 후 한 학기만 다니고 중퇴한 청년 잡스는 당시 그야말로 뭘 해야 할지 막막한 상황이었다. 그러나 잡스는 이런 막막함이 자신을 움직이게 한 원동력이었다며 당시를 인생에서 가장 중요한 순간 중 하나로 꼽았다. 오리건 주에 머물던 그는 친구의 인내심이 바닥날 때까지 얹혀살면서 음료 병을 재활용해 푼돈을 벌었다. 먹고살기 위해 모교 심리학부 실험실에서 사용하는 기기를 관리하는 좀 따분한 일을 하기도 했다. 그러나 잡스는 '블루박스blue box[4]'를 팔면 더 돈이 되리라는 걸 파악했다.

잡스는 그보다 1년 전인 1971년 '블루박스' 사업을 시작했다. 워즈와 함께 시작한 이 사업으로 두 사람은 상당한 수익을 벌어들였다. 그러나 단점이 하나 있었으니, 이들의 사업은 사실상 불법이었다. '블루박스'는 해커들이 전화선을 해킹해 공짜 전화를 걸 목적으로 개발한 것이기 때문이다.

잡지에서 '블루박스'를 본 워즈와 잡스는 더 나아가 기발한 요소를 가미해 자신들만의 버전을 만들어 보기로 한다. 심지어 교황 사무실

---

4 잡스와 워즈니악이 함께 발명한, 장거리 전화를 공짜로 걸기 위한 불법 소형 전자장치

에 장난 전화를 걸어 당시 미국 국무장관 헨리 키신저Henry Kissinger인 척 신분을 속여 통화를 거의 성사시킬 뻔했다.

약간 손을 보고 부품을 조심스레 공급받아 만든 블루박스를 이 악동 2인조는 40달러에 생산해 300달러에 팔았다. 마진이 이렇게나 크니 잡스로선 이 사업에서 손 뗄 이유가 없었다. 블루박스 사업으로 잡스와 워즈는 일부 해커들에게 '실리콘 밸리 인물들 중 말이 통하는 사람'으로 받아들여졌다. 일각에서는 두 사람이 해킹으로 장거리 전화를 공짜로 쓸 수 있는 방법을 개발한 존 드래퍼John Draper, 캡틴 크런치Captain Crunch란 별명으로 불리기도 했던 프로그래머 같은 존재였으며, '블루박스'의 배후에 존재하는 해커들과 결탁을 맺었기에 상당 기간 해킹 공격에서 자유로울 수 있었다는 의혹을 제기하기도 했다.

이런 비도덕적인 행위는 용납되어선 안 되겠지만 악조건 속에서도 최선을 만들어 내고 어떻게든 해내겠다는 잡스의 결의와 의지를 잘 보여 주는 사례이기도 하다. 대학교를 중퇴하고도 학교에 다닐 방법을 궁리해 학교에서의 시간을 알차게 보내기도 했다. 잡스의 호기심과 지적 열망에 깊은 인상을 받은 리드 칼리지 총장은 그에게 캘리그래피를 비롯한 몇 과목을 청강하도록 허락했다.

밀어붙여라

잡스의 '실리콘 밸리에서 첫 직장 구하기' 역시 위 상황과 유사한 끈기를 통해 이뤄졌다. 아타리는 테니스 게임 '퐁Pong'과 같은 아케이드 게임을 주로 제작하는 젊은 기업이었고, 당시 잡스는 인도 여행 자금을 모으겠다는 목표를 갖고 있었다. 잡스는 무작정 아타리 사를 찾아 일자리를 줄 때까지 버텼다. 그것도 말쑥이 차려입은 장래의 CEO와 같은 모습이 아니라 머리는 산발을 하고 몸에서 냄새를 폴폴 풍기며 생떼를 쓴 것이다! 결국 아타리 입사를 허가받았을 뿐만 아니라 인도 여행 자금도 일정 부분 지원받았다. 회사 측은 잡스가 독일 지부에 들러 문제 해결을 맡아 주는 조건으로 그에게 독일행 비행편을 제공했다.

혁신은 리드하는 자와 리드당하는 자를 가른다.

_____

Innovation distinguishes between a leader and a follower.

스티브 잡스 *Steve Jobs*

유비무환

*

인간은 종종 실수하기 마련이다. 우리는 실수를 빨리 알아낸다. 그것이 우리가 고객들에게
가장 사랑받는 회사가 된 이유다.

— 스티브 잡스 Steve Jobs

공유할 땐 공유하되 …

고등학교 졸업식에서 가운뎃손가락 욕설이 담긴 현수막을 준비하
면서 잡스는 이로 인해 엄청난 파장이 일 것임을 분명 알았을 터였
다. 사실 이 계획은 잡스가 이런 무모한 장난을 칠 거라고 떠벌리고
다닌 바람에 누군가의 귀에 들어가 수포로 돌아갔다. 잡스는 이 일을
통해 한 가지 중요한 교훈을 얻게 된다. 철저히 준비되기 전까지 절
대 전면에 드러내지 말아야 한다는 것이다.

잡스는 절친 워즈에게도 이러한 가치관을 분명히 했다. 알테어 8800
이 출시된 이후, 더욱 강력한 새로운 마이크로프로세서 개발이 착착

진행되자 워즈와 같은 기술 인재들이 진정한 개인용 컴퓨터를 만들어 낼 수 있는 가능성은 더욱 커졌다. 워즈는 자신이 참여하고 있는 컴퓨터 동호회인 홈브루 컴퓨터 클럽의 '상부상조' 정신에 따라 개발 단계를 다른 이들과 공유하고자 했다. 시간이 지나 워즈는 자신이 개발한 기기에 모니터, 키보드 및 기타 장치를 연결해 현대식 개인 컴퓨터를 만들어 낼 방법을 찾아냈다. 이런 기쁜 소식을 빨리 동호회 사람들에게 알려 주고 싶었던 워즈와 달리 잡스는 다 공개하지 말고 일부는 비밀로 남겨 두라고 설득했다. 그는 홈브루 컴퓨터 클럽 회원들에게 인쇄 회로 기판을 판매해 본인들 스스로 개발하게끔 하면 어떻겠냐는 타협점을 제시했다. 이는 사실상 훗날 애플 컴퓨터가 성장하는 씨앗이 되었다. 잡스가 이렇게 나오지 않았더라면 워즈는 두 사람만의 경쟁 우위를 순순히 공짜로 내주었을 터였다.

… 지켜야 할 땐 지켜라

잡스는 평생 동안 제품의 기밀 유지에 상당한 열의를 쏟았다. 일각에서는 잡스의 그런 열의를 과도한 집착이라고 꼬집기도 했다. 2010년 아이폰4 출시를 앞두고 디자인이 유출되어 IT 전문 블로그 미디어인 <기즈모도Gizmodo>의 편집장 제이슨 첸Jason Chen의 손에 들어간 불미스러운 사태가 발생했고, 잡스는 이에 심히 분노했다. 첸의 아파트는 경찰의 압수 수색을 받았고, 그 과정에서 현관문이 부서지기도 했다. 잡스의 대응이 과도했다며 원래 신제품이 나오면 미리 정보를 알아내려고 혈안이 되는 기자들을 걱정하기보다 제품에 미칠 영향에 더 신경 쓰는 것이 낫겠다는 비판의 목소리가 터져 나왔다. 그러나 잡스는 눈 하나 꿈쩍하지 않았고, <AllThingsD.com>과의 인터뷰를 통해 다음과 같이 말했다. "이번 기즈모도 사태가 발생했을 때 많은 사람들이 내게 '그냥 지나가게 둬라. 기자들은 도난 제품을 사서 당신을 갈취하려 들 테니 그냥 대응하지 않는 게 낫다.'라고 말했다. 그래서 이 문제에 대해 깊이 생각해 보았다. 내가 내린 결론은 이렇다. 우리 회사가 좀 더 커지고 전 세계에 미치는 우리의 영향력이 더 세지는 과정에서 일어날 수 있는 최악의 상황은 우리의 핵심 가치를 바꿔 이런 일이 발생해도 '그냥 지나가게 두는' 일이다. 나는 그렇게 할 수 없다. 차라리 관두고 말겠다."

<기즈모도>가 불법적으로 손에 넣은 아이폰을 반환하라는 요구를 거부한 데 대한 잡스의 분노도 분노지만, 그 아래 깔린 메시지는 분명했다. 잡스는 비밀 유지를 최우선으로 여겼으며, 이를 묵살하려고 기를 쓰는 사람은 끝까지 찾아내 응징할 태세였다.

아이폰4 유출 사태는 잡스와 기자들 간의 그리 좋지 않은 관계를 여실히 보여 주었다. 언론계에서 잡스가 괴롭히기 작전을 쓰고 있다고 볼멘소리를 하는 것도 처음은 아니었다. 잡스는 자신의 이미지를 보호하는 데 유난스러웠으며, 신제품 출시나 그와 관련한 특집 기사를 내는 경우를 제외하고 인터뷰에도 그리 적극적이지 않았다.

옛날 옛적에 잡스는 자신이 내리치려던 번개를 미처 준비도 되지 않은 상황에서 남에게 빼앗겨 버렸고, 다시는 그런 일이 벌어지지 않도록 만반의 조치를 다 했다. 그럼에도 아무도 그를 탓할 수 없었던 건 그는 언제 사람들 앞에 나서야 하는지를 귀신같이 알고 있었기 때문이었다.

우리는 우리의 비전을 건 도박을 할 것이다. 남과 다를 바 없는 제품을 만드는 건 우리가 할 일이 아니다. 차라리 도박을 하겠다.

_____

We're gambling on our vision, and we would rather do that than make "me too" products.
Let some other companies do that.

스티브 잡스 *Steve Jobs*

기회를 잡아라

자기가 세상을 바꿀 수 있다고 생각할 만큼 미친 사람들이 결국 세상을 바꾸는 사람들이다.

— 스티브 잡스 Steve Jobs

잡스는 열정 하나만큼은 대단했다. 첫 여자친구인 크리산 브레넌 Chrisann Brennan에 의하면 잡스가 17세 즈음 자신은 언젠가 백만장자가 될 것이라 말했다고 한다.

충만한 자신감과 허세가 그의 성공에 결정적 역할을 했다는 점은 몇 번이고 입증된 바 있다. 이런 잡스도 청년 시절엔 저자세를 보일 때가 있었다. 그가 워즈를 설득해 홈브루 컴퓨터 클럽 회원들에게 직접 만든 서킷 보드를 판매하라고 설득했던 당시의 상황을 보면 이런 모습이 잘 드러나 있다. 홈브루 클럽 회원이자 컴퓨터 상점 '더바이트샵The Byte Shop'을 운영하던 폴 터렐Paul Terrell에게 잡스는 개당 50달러 서킷 보드를 몇 개 구매하겠느냐고 물었다. 물건이 잘 팔리면

주문을 늘려도 된다는 말을 덧붙였다. 그러나 잡스는 터렐이 이 간단한 서킷 보드에 관심이 없을 거라는 예상은 하지 못했다. 터렐은 완제품을 구매하길 원했고, 개당 500달러씩 50개가 필요하다는 입장을 전했다. 2만5천 달러의 수익은 당초 잡스의 예상치를 훨씬 뛰어넘는 수준이었다.

문제가 또 있었다. 워즈가 완제품 주문을 소화할 수 있을지가 불투명했다. 그러나 여기서 잡스는 수완을 발휘해 그 자리에서 계약을 체결했다. 계약을 성사시키기만 하면 발주는 어떻게든 할 수 있다는 게 잡스의 생각이었다. 신기술의 놀라움을 볼 줄 아는 워즈 같은 매우 똑똑한 기술 인재들을 위해 만들어진 기기 즉 전설의 애플 I 은 바로 이렇게 탄생했다. 이에 납득하지 않는 이들이 있으면 설득시키는 것이 잡스의 역할이었다.

잡스의 집이 공장으로 탈바꿈했다. 초기 자본을 마련하기 위해 잡스는 자가용, 워즈는 HP 공학용 계산기를 처분했다. 있는 대로 돈을 마련했지만 케이싱, 키보드, 스크린 및 전력원 등 기본 사양을 제대로 갖춘 컴퓨터를 만들기엔 역부족이었다. 아쉬운 대로 완성품을 납품하자 터렐은 생각보다 정교하지 않은 제품 모양새에 다소 당황스러웠지만 약속대로 계약서에 명기된 금액을 지불했다. 애플의 모험은 이렇게 시작되었고, 잡스는 이후 다시는 이런 무모한 계약을 하지 않았다.

Episode 03 —————————————————————————————

잡스의 영웅들

잡스는 어떤 사람이 누구를 영웅으로 생각하는지를 보면 그 사람의 성격을 알 수 있다고 생각했다. 우리는 잡스가 존경하는 사람이 누구인지 어느 정도 알고 있으며, 1990년대 말 등장한 수많은 유명 인사들의 모습과 함께 'Think Different(다르게 생각하라)'라는 메시지를 담은 애플 광고에서 힌트를 얻을 수 있다. 광고엔 연예인 밥 딜런Bob Dylan, 존 레논John Lennon, 오노 요코Ono Yoko, 마리아 칼라스Maria Callas, 알프레드 히치콕Alfred Hitchcock, 짐 헨슨Jim Henson, 개구리 인형 커밋kermit, 루이스 암스트롱Louis Armstrong, 마사 그레이엄Martha Graham, 사업가 리처드 브랜슨Richard Branson과 테드 터너Ted Turner, 예술가 파블로 피카소Pablo Picasso와 살바도르 달리Salvador Dali, 정치 지도자 마틴 루터 킹Martin Luther King 목사와 마하트마 간디Mahatma Gandhi, 건축가 프랭크 로이드 라이트Frank Lloyd Wright와 버크민스터 퓰러Buckminster Fuller, 과학자 알버트 아인슈타인Albert Einstein, 복싱선수 무하마드 알리Muhammad Ali, 여류 비행사 아멜리아 에어하트Amelia Earhart가 등장했다.

기술의 잠재력에 대한 깊은 이해와 더불어 미적인 부분도 상당히 중시했던 잡스에게 미켈란젤로Michelangelo와 레오나르도 다빈치Leonardo da Vinci는 당연히 경외의 대상이었을 것이다. 바티칸의 시스티나 성당 벽화를 그리고 다비드 상과 가슴 절절한 피에타 상을 조각한 미켈란젤로는 이런 말을 남겼다. "돌 속에는 저마다의 형상들이 잠자고 있다. 조각가가 할 일은 잠자고 있는 이들 형상을 해방시켜 생명을 불어넣는 일이다." 잡스는 이런 생각보다도 채석장에서 돌을 보는 순간부터 어떻게 깎아내야 하는지를 이미 알고 있었다는 그 부분에 깊은 감명을 받았다. 다빈치 역시 〈모나리자〉라는 희대의 예술 작품을 탄생시킬 만큼 예술적 재능을 가졌을 뿐만 아니라 비행기를 설계하는 과학적 조예까지 깊은 전무후무한 천재였다. 이를 통해 잡스는 예술과 과학의 조화가 곧 성공의 근간이 되어야 한다는 점을 깨달았다.

이외에도 잡스가 영웅으로 생각한, 19~20세기 기술 역사의 한 획을 그은 네 명을 보다 자세히 짚어 볼까 한다. 이들 네 사람은 잡스에게 영감을 주었을 뿐만 아니라 삶과 철학 면에서 뚜렷한 평행선을 그리기도 했다.

토마스 에디슨 Thomas Edison

잡스는 인도 여행 중에 "칼 마르크스Karl Marx와 인도의 영적 스승인 님 카롤리 바바Neem Karoli Baba를 합친 것보다 토마스 에디슨이 세상에 미친 영향이 훨씬 크다."라고 말한 바 있다.

잡스는 종종 우리 시대의 에디슨으로 비유된다. 이 말이 옳든 그르든 그는 미국의 위대한 발명가 에디슨을 높이 샀으며, 그렇기에 애플 광고 'Think Different'에도 그를 등장시켰다. 별로 새삼스럽지도 않은 부분일지 모르겠으나 잡스와 에디슨 두 사람은 인생 철학이 상당히 비슷했다. "더 나은 길은 꼭 있다."라고 말한 에디슨의 정신은 수십 년 후 잡스의 행보에서도 그대로 투영되어 있다.

토마스 알바 에디슨은 1847년 미국 오하이오 주에서 태어났으며, 어린 시절 그는 잡스와 마찬가지로 아웃사이더였다. 7남매 중 막내로 늘 별난 아이 취급을 받았던 에디슨은 결국 학교에서 쫓겨나 어머니가 그를 직접 가르쳤다. 과학에 상당한 가능성을 보였지만 청력이 좋지 않아 발전이 더뎠다. 전신 기사로 취직한 그는 돈을 모아 연구실을 마련해 자유 시간의 대부분을 쏟아부었고, 21세에 첫 발명 작품인 전기 투표 기기를 만들어 냈다. 1871년 에디슨은 뉴저지 주 뉴왁New Wark에 대형 공장과 연구 단지를 지었고, 3년 후 새로운 전신 시스템을 발명해 큰 성공을 거두었다. 그는 여기서 얻은 수익을 투자해 훗날 '발명 공장'이라 불린 멘로 파크Menlo Park 연구소를 세웠으며, 전화 송화기를 개선해 만든 축음기와 전자펜 그리고 가장 중요한 전기 백열전구가 바로 여기서 탄생했다. 잡스처럼 한시도 가만있지 못하던 그는 1886년 뉴저지 주 웨스트 오렌지West Orange에 연구소를 또 하나 세웠다. 여기서 그는 직원들과 함께 영화 기술을 진일보시켰으며, 그에게 가장 큰 물질적 부를 안겨준 축전지를 발명했다. 좋은 일만 있었던 건 아니었다. 1880년대 철광 사업에 뛰어들었을 땐 수차례 쓴잔을 마시기도 했다. 1931년 세상을 떠날 때까지 그는 자신의 이름으로 1,093개 특허를 출원했다. 잡스는 감히 명함도 못 내밀 수준이다. 에디슨은 연구 규칙과 관련한 지침을 묻는 조수에게 다음과 같이 호통친 적 있는데, 애플의 기업 정신과 상당히 유사하다는 느낌을 받을 수 있다. "뭔 헛소리야! 여긴 규칙 같은 거 없어! 우린 뭔가를 만들어 내려는 사람들이라고!"

헨리 포드 Henry Ford

잡스를 역사적 인물과 비교할 때 에디슨을 탐탁지 않아 하는 사람들은 대개 '자동차 왕' 헨리 포드를 떠올렸다. 두 사람이 꼭 들어맞지는 않더라도 평행 선상에 있다는 점을 부인할 순 없다.

1924년 포드는 이런 말을 남긴 바 있다. "젊은이가 독창성이 피어날 만한 곳이 없다고 생각하는 것만큼 위험한 것도 없다. 독창성만큼 중요한 것이 또 어디 있나."

1863년 미시건 주에서 태어난 포드는 15세 때 가업인 농사를 돕기 위해 학업을 중단했다. 그러나 얼마 지나지 않아 디트로이트 기계 상점에 견습생으로 들어가 시계나 손목시계 등을 수리하며 용돈을 벌었다. 그는 아버지가 물려준 농지로 돌아가 별로 내키지 않는 농사일을 하며 잠시 시간을 보내다가 다시 디트로이트로 돌아와 에디슨 전기 조명사에 취직했다. 이때 그는 급성장하던 자동차 사업에 관심을 갖기 시작했고, 1896년 자신의 정원에 딸린 창고에서 자동차를 발명했다. 그러나 대외적으론 이렇다 할 성공을 거두지 못해 결국 파산하기에 이르렀으며, 당시의 이야기는 세간에 이미 널리 알려져 있다. 1903년 그는 새로운 회사를 설립하며 재기에 나섰고, 모델 A 자동차로 소위 말하는 '대박'을 맞는다. 그다음에 나온 것이 전설의 모델 T로, 1909년 이후부터 포드 사에서 대량 생산된 모델이다. 1920년대 중반 포드 사는 매일 자동차 1만 대를 생산했으며, 이는 미국 전체 자동차 생산량의 5분의 3을 차지했다. 1927년 모델 T 판매량이 1천5백만 대를 기록했다. 그러나 후속 상품 개발이 좀처럼 이뤄지지 않아 포드는 점점 압박감을 느끼기 시작했다. 1947년 그는 세상을 떠났다.

시장 조사와 관련해 잡스가 즐겨 인용하는 포드의 말이 있다. "고객들에게 원하는 것이 무엇이냐고 물으면 '더욱 빨리 달리는 말'이라고 답했을 것이다."

에드윈 랜드 Edwin Land

에디슨이나 포드만큼 널리 알려진 인물은 아니지만 잡스에게 에드윈 랜드는 그야말로 영웅 같은 존재였고, 무에서 유를 창조하는 방식으로 자신이 세운 기업 폴라로이드Polaroid corp.를 수십 년간 정상의 자리에 올려놓은 그의 사업 방식을 특히 높이 샀다.

1909년 미국 코네티컷 주 브리지포트Bridgeport에서 태어난 랜드는 1932년 동료 대학 강사와 편광필터 연구를 위해 랜드 휠라이트 연구소를 설립했고, 1937년 폴라로이드 사로 사명을 변경했다. 예술과 과학의 교차점에 서겠다는 것이 그의 바람이었다. 잡스와 마찬가지로 그는 사업이란 몽상가와 관리자가 만나 관리자가 적절한 업무 환경을 구현해 몽상가의 꿈을 실현시키는 형태여야 한다고 생각했다. 하버드 대학교에서 화학을 전공한 랜드는 1년만 다니고 휴학한 후 뉴욕으로 거점을 옮겨 본격적인 사업에 뛰어들었다. 여기서 그는 즉석사진 촬영이 가능한 보급형 편광필터 발명에 성공했다. 다시 하버드로 돌아가 학업을 재개했지만 영 흥미를 느끼지 못해 학위도 받지 않고 중퇴했다. 그럼에도 과학계에서는 그의 업적을 높이 사 그를 랜드 박사라고 칭했다. 랜드가 발명한 폴라로이드 즉석 카메라는 1948년 일반에 출시되었으며, 폴라로이드 사는 랜드의 진두지휘 아래 사진 기술 개발의 선두 업체로 우뚝 섰다. 1980년 즉석 영화 사업에서 쓴맛을 본 그는 은퇴를 결심했고, 1901년 숨을 거두었다.

1987년 발간된 〈포브스Forbes〉의 한 기사에 랜드의 좌우명이 실려 있는데 상당히 잡스 같단 느낌을 준다. "남도 할 수 있는 건 하지 마라. 정말 중요하면서 거의 불가능하다시피 한 그런 일에 도전하라."

모리타 아키오 盛田昭夫

소니의 창업주 모리타 아키오는 '소니'라는 전자 기기 업체의 위상을 전 세계적으로 드높인 인물로 평가된다. 모리타와 잡스는 친구 사이였고, 서로 워크맨 초창기 모델을 선물로 주고받기도 했다. 존 스컬리John Scully 전 애플 CEO는 모리타를 이렇게 묘사했다. "잡스만큼이나 기술에 대한 기준이 높았고 제품의 미적인 면을 높이 샀다." 잡스에 대해서는 "IBM처럼 되고 싶지도, 마이크로소프트(이하

MS)처럼 되고 싶어 하지도 않았지만 소니만큼은 예외였다."라고 언급했다.

1921년 일본 나고야에서 태어난 모리타는 3대째 이어온 사케 주조업을 이어 받아야 할 운명이었다. 그러나 그는 전자공학에 더 관심이 많았고, 오사카 대학교에서 물리학을 전공했다. 2차 대전에 참전했던 모리타는 잡스에게 워즈니악과 같은 존재를 만나게 되는데, 전자공학도 이부카 마사루Ibuka Masaru가 바로 그이다. 종전 후 두 사람은 동업에 나서 도쿄통신 주식회사를 설립했다.

초기에는 모리타가 사업 자금과 마케팅 모두를 관리해 성장이 더뎠지만, 1950년대에 접어들며 일본 시장에 첫 테이프 레코더를 선보이자 성장세가 급등했다. 탄력을 이어가 1955년 출시한 포켓 사이즈 트랜지스터 라디오는 더 큰 반향을 일으켰다. 1958년 사명을 소니로 변경했고, 3년 후 일본 기업으로는 최초로 미국 뉴욕 증권거래소에 상장되었다. 모리타는 미국 시장에 대한 이해를 넓히기 위해 일가족과 함께 1963년 미국으로 건너갔다. 소니는 TV, 비디오 레코더, 음향 시스템 등 전자 제품 생산 업체로 글로벌 위상을 획득했지만, 그래도 최고 전성기는 역시 1979년 소니 워크맨을 출시했을 당시였다. 잡스도 매료시킨 이 워크맨은 전 세계적으로 날개 돋친 듯 팔려 한 분기 판매 개수만 10억 개에 달했다.

모리타가 숨을 거둔 1999년, 소니는 미국 내 1위 소비자 브랜드로 자리매김했다. 모리타가 남긴 말 중 잡스에게 각별히 다가온 두 마디가 있다. 하나는 기업 내 관리자의 역할에 대한 것이다. "우리는 개개인이 팀워크 정신하에 함께 모이고 개인이 가진 기술적 역량에 부합하는 바람을 실현할 수 있는 환경을 구현하고자 한다." 두 번째는 혁신에 대한 내용이다. "대중은 무엇이 가능한지를 알지 못하지만, 우리는 안다."

아직 못 찾았으면 계속 찾아라. 절대 안주해서는 안
된다. 제대로 찾았는지 아닌지는 마음이 다 알려 주게
되어 있다. 좋은 관계는 시간의 흐름과 더불어 자연스
레 발전에 발전을 거듭한다.

_____

If you haven't found it yet, keep looking. Don't settle. As with all
matters of the heart, you'll know when you find it. And, like any
great relationship, it just gets better and better as the years roll
on.

스티브 잡스 *Steve Jobs*

한시도 가만있지 마라

존 레논을 잃은 세상에 비유할 수 있을까. 스티브는 그야말로 남다른 사업적 마인드를 가진 사람이었고, 기술 업계의 내로라하는 인물들은 하나같이 스티브가 가진, 전에 없는 방식으로 해낼 줄 아는 능력을 인정한다. 그는 단순히 개선하는, 더 나은 버전을 만드는 걸 넘어서 세상이 움직이는 방향까지 바꿔 놓을 정도로 완전히 다른 새로운 길을 열었다.

— 스티브 워즈니악 Steve Wozniak

신중을 기하되…

잡스와 워즈는 이제 단순한 취미 활동을 넘어 엄연한 사업에 착수하고자 했고, 탄탄한 기반을 다지길 원했다. 이 말은 법인 설립에 필요한 갖가지 법적 세부 사항을 따져 봐야 한다는 뜻이다. 그러나 HP에서 근무했던 워즈는 자신의 독자적인 제품이 혹시 HP사 아이디어를 베꼈다는 의혹을 받을까 봐 노심초사했고, 그래서 HP 경영진을 만나 애플 I 을 미리 선보였다. HP 경영진은 워즈의 작품에 새삼 감탄하며 자사 제품을 복제한 것이 아니라는 점을 분명히 밝혔고, 이로써 잡스와 워즈는 본격적으로 사업에 뛰어들 수 있었다.

그전 사업체와 마찬가지로 두 사람은 수익을 공평하게 딱 절반으로 가르기로 했다. 그러나 양자 간 의견 충돌이 있을 경우 경영이 마비되는 상황을 막기 위해 제3의 파트너를 영입하기로 했다. 그렇게 해서 초대된 인물이 잡스의 아타리 근무 시절 동료인 론 웨인Ron Wayne인데, 그는 애플 지분 10%를 갖는 조건으로 발을 들였다. 애플 사와 세 사람 간의 계약서는 1976년 4월 1일 만우절에 정식으로 체결됐다. 그러나 한 가지 웃지 못할 사건이 있었으니 막상 계약을 하고 보니 경영진이란 자리가 부담스러웠던 웨인이 2천5백만 달러에 달하는 회사 지분을 처분하고 퇴사한 것이다.

… 절대 멈춰서는 안 된다

잡스와 워즈는 탄력을 이어가는 것이 중요하단 걸 깨닫고 제품 개발 초기의 놀라운 속도를 꾸준히 이어갔다. 애플 I 이 완성되자 워즈는 속히 다음 프로젝트에 착수했다. 한층 개선된 사운드와 그래픽, 더욱 뛰어난 구동성, 사용자들이 더욱 쉽게 접할 수 있는 더 빠르고 더 좋은 기기를 만들어 내고자 했다. 이것이 세상을 뒤흔든 애플Ⅱ의 초기 구상이었다.

잡스와 워즈는 훗날의 반향을 전혀 예상치 못한 채 개발에만 심혈을 기울였다. 경쟁사 제품을 보려고 1976년 애틀랜틱 시티Atlantic City에서 열리는 컴퓨터 전시회 티켓까지 예매할 정도였다. 애플Ⅰ은 전시하되 애플Ⅱ는 완제품이 마무리될 때까지 비밀에 부쳤다. 전시회장에서 경쟁사 제품을 둘러본 잡스는 워즈의 작품이 출시된 다른 어떤 제품보다 월등히 뛰어남을 새삼 느낄 수 있었다.

현실에 안주하지 마라

잡스는 애플Ⅰ의 판매 수익으로 속히 재투자에 나섰다. 창고 사무실을 벗어나 쿠퍼티노 인근에 위치한 사무실을 하나 임대했다. 아직도 회사다운 회사를 운영하지 못하고 있는 상황이었으니 제대로 모양새를 갖출 필요가 있었다.

직원도 몇 명 충원했다. 오랜 학교 동기이자 HP에서 함께 일했던 빌 페르난데즈를 영입하고 리드 칼리지 동문인 대니얼 콧키를 회계 담당직에 앉혔다. 잡스는 마케팅 총괄을, 워즈는 엔지니어링 총괄을 맡았다. 회사가 모양을 갖추기 시작하자 외부에서도 하나둘씩 존재를 알아차리기 시작했다. 1976년 7월, 애플은 <인터페이스Interface>에 '규범이 잘 선 재정이 탄탄한 회사. 컴퓨터 하드웨어, 소프트웨어 및 고객 서비스의 신지평을 열 회사'로 소개되었다.

실리콘 밸리를 뒤흔들 신생 기업이 탄생한 순간이었다. 폴 터렐의 2만5천 달러 발주는 우연이었는지 몰라도 잡스는 그 기회를 놓치지 않고 포착해 냈다. 워즈의 연이은 혁신에 힘입은 잡스는 주변의 칭찬에 안주하지 않았고, 이만하면 제법 괜찮겠다 싶은 성공에 만족하지 않았다. 그는 앞으로 갈 길은 훨씬 더 멀고 이제 막 바퀴를 굴리기 시작했다는 걸 알고 있었다. 이제 막 불붙은 엔진으로 더 빨리 나아갈 차례였다.

Steve Job

생각이 작은 사람은 결코 큰일을 할 수 없다.

Small thinkers never do big things.

스티브 잡스 *Steve Jobs*

꿈은 크게 가져라

🍎

단순함은 복잡함을 이긴다. 단순하게 만들기 위해서는 생각을 맑게 하고 열심히 노력해야 한다. 일단 경지에 오르면 산도 옮길 수 있다.

– 스티브 잡스 Steve Jobs

애플Ⅱ 개발이 한창일 당시, 애플은 심각한 자금 부족에 시달리고 있었다. 잡스와 워즈는 벤처 투자자이자 잡스의 '드림 빅Dream Big' 사상에 큰 영향을 미친 돈 밸런타인don Valentine을 찾아가 투자를 요청했다. 애플Ⅱ가 출시되면 애플Ⅰ 매출의 10배에 달하는, 한 해에 몇천 대를 판매할 수 있을 거라는 야심 찬 구상을 제시했지만 밸런타인의 구미를 당기기엔 역부족이었다. 밸런타인은 '크게 생각하는 사람이 큰일을 해낸다. 생각이 작은 사람은 절대 큰일을 할 수 없다.'라고 생각하는 사람이었는데, 그가 본 애플은 '생각이 작은 사람들이 하는 기업'이었을까? 밸런타인은 아마 그날 일진이 안 좋았던 모양인지 투자를 하지 않기로 했지만 애플의 가능성을 내다보고 마이크 마

쿨라Mike Markkula라는 전문 투자자를 소개시켜 주었다. 인텔의 마케팅 담당자를 지낸 마쿨라는 흔쾌히 투자를 결심하고 워즈가 상근직으로 애플 사업에 전념한다는 조건하에 2만 달러를 지원키로 했다. 그러나 HP에 적을 두고 있던 워즈는 수입도 나쁘지 않고 부양해야 할 가족도 있었던 터라 안정적인 직장을 포기할 생각이 별로 없었다. 이런 '협소한 생각'이 애플의 한계였을까?

마쿨라는 워즈가 자신의 제안을 거절한다면 투자 의향을 거두겠다고 말했다. 한 세대에 한 번 나올까 말까 한 산업임을 언급하면서 모두 뛰어들어 여기에 전념해야 한다고 주장했다. 이를 납득한 잡스는 워즈의 가족과 친구를 모두 끌어모았고, 애플 프로젝트에 전념해 달라며 워즈를 조르기 시작했다. 경영보다 개발에 집중하고 싶었던 워즈는 잡스와 마쿨라가 회사 경영 일체를 도맡겠다고 하자 점차 설득되기 시작했고, 압박을 견디다 못해 마침내 HP를 퇴사하기로 결심했다.

1977년 1월, 마쿨라는 전체 지분의 3분의 1을 갖고 애플 경영진으로 합류했다. 마쿨라 합류 후 9개월 만에 애플 I 은 소비자 가격 666.66달러에 총 200대 판매되었으며, 소량 생산으로 희소성이 더해져 2012년 경매에 나온 애플 I 은 64만 달러에 낙찰되었다. 애플 II 매출은 세 분기 동안 1백만 달러를 기록하는 등 순조로운 행보를 이어갔다. 1년 후 매출은 8백만 달러로 껑충 뛰어올랐다.

Episode 04 ───────────────────────────────

다섯 회사 이야기

애플의 발자취를 보면 1970년대 이후 전 세계 기술 분야가 어떠했는지를 알 수 있다. 뿐만 아니라 기술 분야에서 나름대로 한 획씩 그은 일부 유명 업체는 저마다 스티브 잡스와 묘하게 연결되어 있기도 하다. 그런 맥락에서 잠시 시간을 들여 간단하게 애플과 다른 네 기업, 휴렛패커드와 IBM, 마이크로소프트, 제록스 Xerox의 발자취를 살펴볼까 한다.

애플

배짱 좋은 아웃사이더에서 전 세계적 슈퍼스타로 거듭난 스티브 잡스의 애플은 단연코 세계에서 가장 가치 있는 기술 업체로 손꼽힌다. 2012년 5월부로 시가 총액 5천260억 달러를 기록했으며, 2011년 업체를 불문하고 시가 총액 1위 기업으로 자리매김했으나 이내 엑손 모빌Exxon Mobile에 자리를 내주었다. 2002년 잡스는 〈뉴욕타임스New York Times〉와의 인터뷰에서 애플의 성공 비법에 대해 이렇게 말했다. **"우리는 하드웨어부터 소프트웨어, 운영 체계 등을 모두 판매하는 유일한 업체이다. 사용자가 경험하는 바에 전적인 책임을 질 수 있다. 다른 이들이 할 수 없는 일을 우리는 할 수 있다."**

휴렛패커드

애플과 마찬가지로 차고에서 시작된 HP는 빌 휴렛Bill Hewlett과 데이비드 패커드David Packard에 의해 1939년 팰로 앨토Palo Alto에 본격적으로 자리를 잡았다. 실리콘 밸리에 입주한 초대 업체 중 하나로 1968년 세계 최초의 대량 생산 컴퓨터인 HP 9100A(비록 데스크톱 계산기로 시장에 내놓긴 했지만)를 선보였다. HP는 워즈와 잡스에게 일자리를 제공했던 한편, 애플 I 개발 프로젝트에 대한 지분 투자 제의를 거절한 일화로도 유명하다.

그럼에도 HP는 PC 시장에서 컴퓨터와 프린터, 오리지널 소프트웨어 등 부속 제품을 판매하며 나름 확고한 입지를 다졌다. 2002년 컴팩Compaq과 합병한 후 오늘날까지 판매 수량으로만 따지면 세계 최고의 PC 생산 업체 자리를 고수하고 있다. 그러나 2012년 시가 총액은 440억 달러를 기록해 두 전 직원(워즈와 잡스)이 세운 회사에 1위 자리를 내주고 말았다.

마이크로소프트

마이크로소프트는 애플보다 한 해 앞선 1975년에 빌 게이츠Bill Gates와 폴 앨런Paul Allen에 의해 세워졌다. 두 천재는 알테어 8800을 생산한 MITS사에 접근해 이 제품과 맞는 BASIC 프로그램을 개발할 수 있다고 주장했으며, 그 말을 현실로 이뤄 냈다. 애플이 '처음부터 끝까지 애플 제품으로'를 내세웠던 반면 마이크로소프트는 사용자 개인이 가진 하드웨어에 맞게 사용할 수 있는 소프트웨어 개발에 주력했고, 실제로 그 분야에서 명불허전의 입지를 다졌다. MS Windows 출시 1년 후인 1986년에 실시한 주식 공모는 그야말로 성황리에 이뤄져 하루아침에 직원 중 3명은 억만장자가, 1만2천 명은 백만장자가 될 정도였다.

1990년 출시된 MS Office 역시 대성공을 거둬 입지가 한층 두터워졌다. 1990년대 중반부터 MS는 인터넷 시대에 발맞춰 모험과 도전에 나섰다. 컴퓨터 과짜들의 한판 승부에서 MS가 애플을 완파한 듯 보였으나 잡스가 다시 CEO로 돌아오면서 판세에 변화가 일어났다. 2010년 애플은 시가 총액 제1위에 빛나는 기술 업체로 등

극하며 MS를 따돌렸고, 2012년에 MS의 시가 총액은 2천440억 달러로 애플과의 격차가 2배 이상 벌어졌다(2012년 애플의 시가 총액은 5천260억 달러이다).

IBM

컴퓨터 태뷸레이팅 레코딩 컴퍼니Computer Tabulating Recording Company란 이름으로 1911년에 탄생한 IBM은 자동화 기기부터 플로피 디스크, 슈퍼컴퓨터 왓슨에 이르기까지 세상의 판도를 바꾸는 혁신을 주도한 업체로 평가받고 있다. IBM에 몸담은 직원들 중 노벨상 수상자만 5명에 달한다. 지금 우리는 스티브 잡스를 위대한 인물로 추앙하지만, 스티브 잡스에겐 애플보다 훨씬 앞서 등장해 업계를 장악하고 1981년에 첫 PCIBM 5150을 시장에 선보인 IBM이야말로 위대한 존재 그 자체였다. IBM의 명성을 바탕으로 한 우수한 영업 전략으로 전 세계 사무실이나 가정 어디에서든 IBM 제품이 있을 정도였다. 2012년 5월 IBM의 시가 총액은 2천240억 달러로 견실한 수준이지만, 2위 마이크로소프트와 1위 애플에 밀려 3위에 그쳤다.

제록스

제록스는 PC 분야에서 유독 맥을 못 췄다. 할로이드 포토그래픽 컴퍼니Haloid Photographic Company라는 이름으로 1906년에 설립되어 1961년부터 제록스라 불리기 시작한 이 업체는 1963년에 세계 최초로 양산용 데스크톱 프린터를 선보였고, 그로부터 6년 후 레이저 프린터 개발에 성공했다. 1970년에 문을 연 제록스 파크Xerox PARC는 PC 산업을 떠받친 주요 관련 소품들, 마우스와 그래픽 인터페이스 등 다양한 제품이 개발되는 혁신 공간으로서의 역할을 톡톡히 했다.

제록스의 최고이자 최신 기술을 모두 쏟아부은 8010스타8010 Star는 1981년에 출시되었을 당시 가격이 무려 1만6천 달러에 달해 대중이 구매하기엔 너무 부담스러운 제품이었다. PC 분야가 쑥쑥 성장하며 애플, IBM, 마이크로소프트 등 기술 업체들이 부상하자 뒤안길로 밀렸던 제록스는 현명한 사업 개편을 통해 문서 관리(프린트, 복사기 등)에 주력하는 방향으로 전환했으며, 오늘날까지도 이 분야에서 단단한 입지를 자랑하고 있다. 그러나 시가 총액은 애플의 5분의 1에 불과하며, 2012년을 기준으로 100억 달러에 조금 못 미치는 수준을 기록했다.

이따금 모든 것을 뒤흔들 혁신적인 제품이 탄생한다.
애플은 몇 차례나 이런 혁신 제품을 선보였으니 참 운이
좋았다.

Every once in a while a revolutionary product comes along that
changes everything …
Apple's been very fortunate in that it's introduced a few of these.

스티브 잡스 *Steve Jobs*

나만의 브랜드를 만들어라

나는 언제나 애플과 연결돼 있을 것이다. 내 인생이 하나의 실이라면 애플이라는 실과 직물처럼 짜여 졌으면 한다.

— 스티브 잡스 Steve Jobs

잡스는 애초부터 애플의 정체성 구축이 중요하단 걸 깨달았다. 그에게 사업은 단순히 제품을 파는 행위가 아니었다. 아이디어와 포부, 꿈을 파는 일이었다. 제품엔 유통기한이 있지만 기업과 고객의 관계는 다르다. 무언가 특별한 것을 기대하는 고객과 그 기대에 부합하는 기업의 관계에 유통기한이란 없다.

잡스는 브랜드 구축에 상당히 일가견이 있는 사람 중 하나였다. 애플의 핵심을 이루는 건 당연히 제품이다. 워즈가 애플Ⅰ과 애플Ⅱ를 개발하지 못했더라면 애플은 시작도 못 하고 흐지부지되었을지도 모른다. 마찬가지로 2000년에 접어들며 iMac이나 iPod, iPad 등을 줄줄이 선보이지 않았더라면 오늘날과 같은 입지는 꿈도 꾸지 못했을 것이다. 그러나 제품을 넘어서 애플이라는 브랜드는 그 자체만으로 권리를 갖는, 삶의 방식을 나타내는 고유명사와 같은 존재감을 획득했다.

애플이란 이름을 들으면 날렵한 디자인에 최신 기술, 창의성, 혁신, 세련미가 자연스레 떠오른다. 애플은 1977년 '궁극의 세련미는 곧 간결함이다.'라는 슬로건을 내세웠다. 레오나르드 다빈치가 한 말로도 잘 알려진 이 말은 애플의 일부를 구성하는 자신감을 드러내기에 충분했다. 애플 II 출시를 앞두고 잡스는 어떤 기술 관련 용어를 잔뜩 늘어놓거나 디자인의 면면을 언급하며 어필하는 것이 아닌, 사람들의 열망에 착안한 아이디어를 제시했다. 복잡함 속에서 나온 간결함, 이 간결함을 손에 넣는 여러분은 곧 궁극적 세련미를 띠게 될 것이란 메시지를 대중에게 전달하고자 한 것이다. 또한 이 슬로건은 예나 지금이나 한결같이 애플이 지향하는 가치를 잘 드러내 준다. 전 세계 어디든 진출하지 않은 곳이 없는 코카콜라가 아메리칸 드림American Dream을 상징하듯, 롤스로이스Rolls-Royce라는 브랜드가 고급을 상징하듯 '애플' 하면 간결한 궁극적 세련미가 떠오른다. 여타 기술 업체들이 바라 마지않는 바를 애플은 이뤄 낸 것이다.

잡스는 탁월한 브랜드 구축 능력을 갖고 있었고, 이는 그만의 강점이었다. 제품은 금세 나왔다 사라지지만 아이디어는 훨씬 오래 지속된다. 1997년 <타임Time>과의 인터뷰에서 잡스는 이렇게 말했다.

"애플은 '틀을 벗어나' 사고하는 사람들, 우리 제품을 사용해 세상을 바꾸고자 하는 사람들, 변화를 일으킬 수 있는 무언가를 만들어 내는 사람들이 모인 기업이다. 단순히 일만 하는 사람들의 기업이 아니다."

이런 말을 할 수 있는, 이에 가치를 부여할 수 있는 기술 업체 CEO가 과연 얼마나 될까? 잡스는 이런 면에서 여느 CEO들과는 확연히 달랐다.

Episode 05

'애플'이란 이름이 탄생하기까지

그러고 보면 애플이란 이름도 참 평범하진 않다. 동종 업체들의 이름만 봐도 그렇다. 대개 창업주 이름을 그대로 쓰거나(휴렛패커드, 델 등) 딱 봐도 기술 업체 같은 느낌이 팍팍 나는(마이크로소프트, IBM 등) 경우가 대부분이다. 그러나 애플은 이름만 봐서는 도저히 하이 테크 기업인지 짐작할 수 없다. 어떻게 애플이란 이름이 붙여진 걸까?

잡스와 워즈는 1976년 애플 I 출시를 앞두고 회사 이름을 무엇으로 할지 마땅한 걸 찾고 있었다. 워즈가 잡스에게 차를 태워 준 어느 날. 두 사람은 이런저런 아이디어를 내 봤지만 딱 봐도 컴퓨터 업체 같은 이름밖에 떠오르는 게 없었다. '매트릭스 일렉트로닉스 아이팟Matrix Electronics iPod'과 '이그제큐텍 아이패드Executek iPad' 등의 후보를 떠올렸지만 딱 이거다 싶은 건 없었다.

당시 잡스는 과일식에 심취해 있었고, 또 마침 포틀랜드에 위치한, 오랜 대학 친구인 로버트 프리드랜드Robert Friedland가 경영하는 사과 농장 올원팜All One Farm에서 갓 돌아온 참이어서 머릿속이 사과 생각으로 가득하던 차에 애플이라고 이름을 지으면 어떻겠냐는 아이디어를 제시했다. 재미있고 위화감이 들지 않으면서 정신적 상징성이 있다는 것이 잡스의 설명이었다. 다른 이들은 Apple이라 이름 지으면 잡스가 전에 일했던 회사 아타리보다 전화번호부 상 먼저 나온다는 점을 언급하기도 했다. 그러자 워즈니악은 즉시 반기를 들었다. 비틀즈가 설립한 애플 레코드Apple Records와 중복되지 않느냐는 것이다. 그러나 더 나은 아이디어는 좀처럼 떠오르지 않았고, 애플만큼 적절한 게 없을 듯 싶었다. 어느 모로 보나 '애플'은 참 탁월한 이름이었다. 자연과 순수성, 선함의 상징이기도 했고, 성서적 의미에 따르면 지식을 상징하기도 했다. 영국의 물리학자 아이작 뉴턴이 떨어지는 사과를 보고 중력의 법칙을 발견한 탓에 지적 사유의 상징으로 여겨지기도 했다. 실제로 초기 애플 사 로고는 뉴턴이 영감이 떠오르길 기다리며 사과나무 아래 벤치에 앉은 모습으로 그려졌다. 이후 최종적으로 한입 베어 먹은a bite 사과 모양으로 결론이 났고, 그 베어진 자국은 컴퓨터를 뜻하는 'byte'를 나타내기도 하는 재치의 산물이었다.

또한 이런 다채로운 의미를 담은 이름 덕분에 애플은 애초부터 경쟁 업체와 차별화를 이룰 수 있었다. 이는 전과 다른 접근법이었으며 이그제큐텍Executek이란 이름으로는 할 수 없었을 방법이었다. 그러나 워즈가 염려했던 비틀즈 측과의 충돌이 불거졌다. 생존 멤버들이 애플을 상대로 소송을 걸어온 것이다. 1981년 애플이 음악 사업에서 철수하기로 하며 소송은 일단락되었다.

그러나 애플과 비틀즈 간의 법적 분쟁은 그 후에도 끊임없이 발생했다. 애플 기기를 사용한 음반 제작을 놓고 또다시 소송이 벌어져 애플은 합의를 위해 2천5백만 달러를 쏟아부어야 했으며, 2003년에는 새로이 출시된 아이튠즈iTunes를 통해 비틀즈 음악을 제공하느냐 마냐를 놓고 또 법적 공방이 벌어져 2007년, 애플이 애플 레코드사의 상표권을 사들이는 조건으로 극적인 합의를 이뤘다.

그러나 아이튠즈에서 비틀즈 음악을 비로소 들을 수 있게 된 건 그로부터 3년이 지난 2010년이 되어서였다. 몇 년에 걸쳐 티격태격하고, 수백만 달러가 깨지며 격한 감정이 오고 갔지만 애플이나 비틀즈나 법정 밖에서 손해 본 건 별로 없는 듯하다.

정상에
머물다

PART Ⅱ

일은 우리 삶의 큰 부분을 차지하기에 이를 제대로 즐기면서 하려면 방법은 단 하나, 내가 위대하다고 생각하는 바로 그 일을 하는 것이다. 위대한 일을 할 수 있으려면 역시 방법은 단 하나, 내 일을 사랑하는 것이다.

Your work is going to fill a large part of your life, and the only way to be truly satisfied is to do what you believe is great work. And the only way to do great work is to love what you do.

스티브 잡스 *Steve Jobs*

아름다움을 창조하라

우리 직원들이 재미있게 일한다고 믿는다. 또한 우리 고객들이 우리 제품을 정말 좋아한다고
생각한다. 우리는 언제나 더 나아지려 노력하고 있다.

- 스티브 잡스 Steve Jobs

자부심을 가져라

잡스는 기준에 관해서 매우 까다롭고 가끔은 강박적이기까지 한
사람이었다. 그는 이렇게 주장하곤 했다. **"당신이 목수이고 직접 쓸 멋
진 목재 서랍을 만드는 상황이라면 서랍 뒷면을 합판으로 대겠는가? 서
랍 앞면과 옆면에도 똑같이 합판을 대겠는가?"**

진정한 장인이라면 서랍 뒷면을 누가 보는지는 사실 별로 중요하
지 않다. 이 서랍이 어떻게 만들어졌는지는 본인이 너무나도 잘 알고
있으므로 어느 면이든 자신이 사용할 수 있는 최고 품질의 목재를
사용해 전체적 품질을 높이려는 마음일 것이다. 바로 이런 엄격함이

곧 잡스가 추구한 가치였다. 애플Ⅱ가 생산 단계에 있을 당시 잡스는 자신의 눈에 차지 않는다는 이유로 서킷 보드를 퇴짜 놓았다. 사용자가 본체 안에 들어가는 서킷 보드를 직접 눈으로 볼 일이 없다는 사실을 알고 있었음에도 말이다. 애플Ⅱ가 잡스의 기대에 부합하는 수준으로 완성되자 그는 마치 위대한 예술가들이 자신의 걸작에 이름을 남기듯 제작에 관여한 모든 엔지니어가 각 부품에 이름을 새겨 넣도록 했다.

완벽을 기하라

애플Ⅰ과 애플Ⅱ는 사실상 워즈의 손에서 탄생했다고 할 수 있지만 매킨토시the Macintosh는 잡스의 손을 더 많이 탔다. 당시 애플은 리사 프로젝트the Lisa Project[5]에 총력을 기울이고 있었다. '지역 통합 시스템 아키텍처Local Integrated Systems Architecture'의 축약형이나 사실 잡스가 늘 좋은 아버지가 되어 주고자 애쓴 딸의 이름으로 더 상징성이 있는 '리사'는 세상을 놀라게 하기엔 아직 역부족인 제품이었다.

---

5 1980년대 초에 애플 컴퓨터 사가 설계한 개인용 컴퓨터

잡스가 생각하는 맥the Mac이 탄생할 수 있었던, 세상에 그렇게 큰 영향을 미칠 수 있었던 이유는 간단했다. **"리사 개발팀은 뭔가 위대한 것을 해내고자 했다. 맥 개발 팀은 미쳤다는 소리를 들을 정도로 위대한 것을 해내고자 했다. 그 차이일 뿐이다."**

마우스로 구동하는 그래픽 인터페이스가 탑재된 첫 양산용 PC인 맥에 대한 잡스의 포부는 대단했다. 어찌나 완벽을 기했던지 알아서 열심히 잘하는 직원들의 인내심마저 바닥나게 할 정도였다. 맥 계산기 기능과 관련해 이를 도맡았던 잘나가는 프로그래머 크리스 에스피노자Chris Espinosa를 하도 들들 볶아 참다못한 에스피노자는 사용자가 알아서 설정할 수 있는 계산기를 만들어 '스티브 잡스가 알아서 설정하는 계산기'라는 냉소적인 이름을 붙여 잡스에게 건넸다. 알아서 만지작거리던 중 흡족한 결과를 얻은 잡스는 그 상태를 제품에 반영키로 했다. '그렇게까지 공을 들여야 하는가?'라는 의문을 품는 사람들을 위해 하나 알려 주자면, 이때 완성된 기능이 이후 몇십 년간 애플 OS 표준 계산기로 채택되었다. 목수 혼자만 신경 쓰는 '서랍 뒷면'의 한 사례인 셈이다.

잡스의 이런 대쪽 같은 완벽주의는 잠시 애플을 떠났다 돌아온 후에도 어김없이 발휘되었다. 그는 엔지니어들에게 맥 프로젝트 초기 디자인이 왜 제대로 구동하지 않았는지, 어디를 재검토해야 하는지를 조목조목 설명했다. 이는 자신이 요구하는 바가 먹혀들 것이라 믿어 의심치 않았기 때문이었으며 그렇기에 그토록 끈질기게 직원들을 들 들 볶아댔다. 잡스에게 타협은 입에 올릴 가치가 없는 단어였다.

내 일을 사랑하라

잡스는 일에 대한 열정을 유지하는 것이 곧 성공의 전제 조건임을 깨달았다. 위대한 일을 해낸다는 게 얼마나 시간이 많이 들고 또 어려운 일인지 알고 있었다. 내가 하는 일에 대한 열정과 사랑이 식으면 더 이상의 진전은 있을 수 없다. 잡스는 또한 열정이 계속되는 한 일은 재미있을 수밖에 없다는 점도 파악했다. 그가 리드 칼리지를 중퇴하고 아타리에서 일하던 당시, '즐기면서 돈도 번다.'라는 한 광고 문구가 그의 눈길을 사로잡았다. 잡스에게 특별히 와 닿았던 이런 면모는 훗날 자신의 경영 방식에 반영되었다. 일에 관해서는 누구보다 엄격한 데다 가끔 거친 면면을 드러내기도 했지만, 잡스는 사람들이 스스로의 창의성을 갖고 놀 수 있는 공간을 제공함으로써 그들이 가진 최고의 자질을 끄집어냈다.

집중하라

애플과 잡스가 세상에 혜성처럼 모습을 드러내는 가운데 잡스는 항상 현실주의자로서의 면모를 견지했다. 가능성의 경계를 허무는 데 전념하면서도 불가능을 쫓는 무모함은 지양했다. 완벽을 기하겠다는 다짐으로 절대 실용주의를 희생시키지 않았다.

이런 면모는 맥 프로젝트 개발 단계에서 여실히 드러났다. 우리가 잘 알고 있듯 잡스는 맥을 최대한 완벽한 모습으로 탄생시키기 위해 갖은 노력을 다했지만, 당초 예상한 스케줄보다 훨씬 지연되는 상황이 불가피했다. 이럴 경우 문제는 마이크로소프트가 자사 그래픽 인터페이스를 먼저 출시해 맥보다 더 스포트라이트를 받는 상황이 발생할 수 있다는 점이었다. 이는 절대 용납할 수 없다고 생각한 잡스는 개발팀의 작업 속도에 박차를 가해 예정대로 제품을 출시하자며 회유에 나섰다. 기한에 맞춰 무사히 제품이 완성되자 그는 개발팀의 노고를 치하하며 이렇게 말했다. **"작품이 나와야 진정한 예술가다."** 혁신한다고 아무리 시간을 들인들, 물리적인 결과를 내놓을 수 없다면 소용없다는 뜻이다.

이걸로 뭔가를 해 보면 어떨까?

—————————————————————————

Why aren't you doing anything with this?

스티브 잡스 *Steve Jobs*

영감을 찾아 나서라

♦

지난 40년간 스티브 잡스는 몇 번이나 미래를 내다보았고, 이에 대해 사람들이 미처 감을 잡기도 전에 우리 앞에 선보였다.

– 마이클 블룸버그 Michael Bloomberg, 전 뉴욕 시장

잡스는 혁신가이자 혁신에 대한 영감을 주는 사람, 더불어 기존의 것을 개선하는 사람이었다. 이 말은 다른 이들의 아이디어를 차용해 자신만의 무언가를 만들어 내는 걸 즐겼다는 뜻이기도 하다. 그가 20세기 위대한 화가인 파블로 피카소가 남긴 "좋은 예술가는 베끼지만 위대한 예술가는 훔친다."라는 말을 그렇게나 자주 인용했던 이유를 알 수 있을 듯하다.

잡스가 이 말에서 영감을 얻게 된 건 1979년이 저물어 가던 어느 날이었다. 동료 빌 앳킨슨 Bill Atkinson과 함께 제록스 PARC 기술 연구소를 견학한 잡스는 애플 매킨토시 개발에 적용할 만한 새로운 아이디어를 잔뜩 얻고 집으로 돌아갔다. 이날 이후 제록스는 기회를 날렸

고 애플은 오늘날 우리가 아는 바로 그 애플이 되었다. 흥미진진한 이야기지만 너무 현실성이 없는 걸까? 딱히 그렇지도 않다. 1979년 실리콘 밸리의 유명세를 한 몸에 얻고 있던 애플은 제록스 사와 주식 교환 계약을 체결키로 합의한 상태였다. 대신 팰러앨토 코요티 힐 로드에 위치한 제록스 PARK 기술연구소 견학을 허가해 달라는 조건을 내걸었고, 제록스가 개발한 획기적인 개인용 컴퓨터 제록스 앨토 Xerox Alto의 시연회를 엔지니어 래리 테슬러Larry Tesler가 진행키로 되어 있었다.

시연회를 본 잡스와 앳킨슨은 놀라움을 금치 못했다. 당시는 키보드로 명령어를 써 넣어 컴퓨터를 구동시키던 시절이었는데, 화면에 배치된 아이콘을 마우스라 불리는 물건으로 선택하는 방식이 등장한 것이다. 아이콘을 클릭하면 윈도우 메뉴가 열리며 사용자가 원하는 프로그램이 구동되었다.

제록스는 이를 통해 뭔가를 이뤄 낼 수 있다는 걸 알았지만 그 '뭔가'가 무엇인지는 정확히 알지 못했다. 1981년 앨토가 일반 시장에 출시되었지만 구동이 느리고 번잡해 성공을 거두지 못했고, 결국 제록스는 개인용 컴퓨터 시장에서 전면 철수했다. 그러나 잡스와 앳킨슨은 바로 여기서 미래를 보았다. "이걸로 뭔가를 해 보면 어떨까?" 잡스가 테슬러에게 물었다. "이건 정말 대단해. 혁신적이라고."

곧 잡스는 팀을 꾸려 제록스 제품보다 훨씬 더 조작이 용이하고 내구성이 있으며, 저렴한 마우스 개발에 착수했다. 더불어 컴퓨터 사용법을 완전히 바꾸기 위한 디지털 인터페이스 개선 작업도 함께 진행했다. 그 결과, 5년 후 매킨토시가 세상에 나왔고, 매킨토시를 제외한 나머지는 그저 역사가 되었다. 테슬러는 제록스의 비전이 애플만 못했다는 데 심히 좌절한 반면, 잡스가 그에게 영입 요청을 해 오자 이에 감동했다.

잡스는 애플과 유사점이 없어 보이는 듯한 기업들로부터 영감을 얻는 데 천부적인 소질이 있었다. 일례로 메이시스 백화점에서 가전을 구경하면서 애플Ⅱ를 당시 일반적이었던 철제 외관이 아닌 플라스틱 외관으로 만들어 보면 어떨까 하는 영감을 얻기도 했다. 훗날 선보인 iMac의 알록달록한 색상은 젤리빈 공장에 다녀온 한 직원이 낸 아이디어였다.

Episode 06 ─────────────────────────────

잡스는 면접도 잡스식으로

애플에 입사 지원한 이들은 잡스와 면접을 보기도 전에 엄격한 선발 과정을 거쳤다. 자신이 가진 뛰어난 개인 기량과 전문성을 입증해야 했으며, 제대로 된 추천서가 있으면 특히 유리했다.

무사히 통과해 면접 기회를 얻었다고 해도 잡스 특유의 별난 성미에 달달 볶일 만반의 준비를 해야 했다. 잡스가 이랬던 이유는 지원자들이 얼마나 빠르게 사고할 수 있는지 그 재치를 보고자 했기 때문이다. 애플은 '상대방이 눈치채지 못하게 상대방 기술에 대해 알아보려면 어떻게 할 것인가?'와 같은 고전적인 질문을 던져 지원자의 기량을 가늠했다. 또한 잡스는 지원자들이 자사의 제품과 기풍에 대해 모르는 게 없을 정도의 지식 수준을 원했다. 지원자의 성격을 파악하기 위해 '왜 여기 있는가?'와 같이 밑도 끝도 없는 질문을 던지거나 이따금 지독하다 싶을 만큼 잔인하게 굴기도 했다. 애플 초창기에 진행한 면접에서 지원자가 대답하는데 계속 '우걱우걱'하는 소리를 내며 훼방을 놓았던 악명 높은 일화도 있다. 게다가 지원자들에게 언제 총각 딱지를 뗐는지, 아직 숫총각이라면 LSD(향정신성 약물의 일종)를 해 봤는지 등 노동법에 저촉될 만한 질문도 하곤 했다.

면접이 다 마무리되면 모든 자료를 취합해 고려하되 최종 결정은 자신의 직감에 기대어 내렸다. 물론 기술적 자질이 충분치 않은데 면접 단계까지 올라온 지원자들도 있었지만 잡스는 "과연 이들이 애플이란 조직에 잘 적응할 수 있을까?", "회사를 최우선에 놓을 수 있을까?"와 같은 부분에 가장 비중을 뒀고, 그렇게 최종 합격자를 가려냈다.

특정한 무언가를 놀랍도록 잘 해내는 여러 사람들을 보았다. 이들 한 사람은 50명을 데려와도 대체할 수 없다.

I found that there were these incredibly great people at doing certain things, and that you couldn't replace one of these people with fifty average people.

스티브 잡스 *Steve Jobs*

이기는 팀을 만들어라

🍎

잡스는 어떤 일이든 사람들이 그 일을 하도록 설득시키는 탁월한 재주가 있었다. 신기한 건 그가 없을 땐 그 효과가 사라진다는 점이다.

— 버드 트리블 Bud Tribble, 애플 부사장

스티브 잡스는 애플은 곧 직원들, 그 직원들이 가진 아이디어로 대변된다는 진리 중의 진리를 익히 알고 있었다. 잡스 개인이 얼마나 유능한 인간이든 간에, 그가 달성하고자 했던 위대함은 직원들이 모여 이룬 팀, 뛰어난 실력을 가진 인재로 이뤄진 팀을 통해서만 실현할 수 있었다. 잡스는 관리자로서 자신이 해야 할 일은 이기는 팀을 꾸리고 팀원 개개인이 실력 있는 동료들과 함께 중요한 일을 하고 있으며, 이것이 곧 회사의 비전을 실현하는 길임을 몸소 느낄 수 있는 환경을 구축하는 것이라 생각했다.

그는 그저 능력이 좋은 사람보다 능력이 월등히 뛰어난 사람이 해낼 수 있는 것이 훨씬 더 많다고 생각했기에 인재 영입에 상당한 에너지를 쏟아부었다. 사람을 뽑는 것이 관리자의 일 중 가장 어렵다고 생각했고, 이를 절대 타인에게 위임하는 법이 없었다. 상황이 자기 입맛대로 돌아가지 않으면 직성이 풀리지 않는 잡스였기에 최적의 인재를 골라내는 작업만큼은 그 누구도 신뢰하지 않았다. 또한 재능만 있다고 다가 아니라 그 재능을 최대한 확장시킬 의지를 가진 사람을 원했다. 잡스에겐 5년이고 10년이고 조용히 앉아 기회가 오기만을 기다리는 수줍은 사람은 의미가 없었다. 벅찬 상황에서도 어떻게든 살아남을 수 있는 사람을 원했다.

최고의 팀을 꾸리겠다는 잡스의 굳은 결의는 초기 매킨토시 프로젝트를 주도했던 제프 래스킨Jef Raskin과 자웅 겨루기를 한 후 더욱 극명하게 드러났다. 래스킨은 '매킨토시'라는 이름을 탄생시킨 사람으로, 과즙이 풍부해 그가 가장 좋아했던 사과 품종인 매킨토시McIntosh에 착안해 제품명을 지었다.

잡스는 애플이 리사 프로젝트 이후 두 번째로 추진하던 프로젝트를 손에 넣고자 했고, 자기 손으로 직접 뽑은 창의적인 팀을 구축하고자 했다. 비록 이 팀이 오늘날 애플의 라이벌이 되었지만 말이다. 당시 애플Ⅱ 프로젝트를 진행 중이던 앤디 허츠펠드Andy Hertzfeld를 영입하고자 오전에 인터뷰해 오후에 바로 채용 제의를 했다. 허츠펠드는 기꺼이 제의를 수락하면서 지금 하고 있는 작업을 마무리한 후 합류하겠다는 의사를 밝혔다. 이 말을 들은 잡스는 허츠펠트가 사용 중이던 애플Ⅱ의 전원을 뽑아 버리곤 새로운 자리로 가라고 지시했다. 그 바람에 저장하지 않은 작업이 모두 날아갔다. 잡스가 전하려는 메시지는 확고했다. 이제 우리 팀이니 다른 데 신경 쓰지 말라는 것이다.

그러나 잡스의 채용 방식이 항상 완벽했던 건 아니었다. 1977년 애플 사장으로 취임한 마이크 '스카티' 스캇Mike 'Scotty' Scott이 1981년에 사임하자 잡스는 신임 사장으로 적절한 인물을 찾아 나섰다. 당시 라이벌 코카콜라에 대적해 뛰어난 활약을 보이고 있던 펩시콜라가 그의 눈에 들어왔다. 그래서 그는 펩시의 존 스컬리John Sculley 사장을 찾아가 몇 달이고 매달리며 사장직을 맡아 달라 청했다. 거절하는 스컬리에게 잡스는 촌철살인의 질문을 던졌다. **"평생 탄산음료나 팔며 시간을 보내겠습니까? 아니면 우주에 흔적을 남기겠습니까?"**

스컬리는 결국 1983년 상당한 보수를 약속받고 애플에 정식으로 합류했다. 그러나 1985년 애플Ⅲ와 리사 모델이 별 히트를 치지 못하자 잡스와 스컬리, 두 사람의 관계는 경색되기 시작했다. 실제로 스컬리는 이사회에 나와 잡스가 심통을 부린다며 비방했고, 이에 질세라 잡스는 그를 '멍청이'라고 부르며 반격에 나섰다. 잡스가 제대로 강적을 만난 것이다. 결국 그는 맥 프로젝트에서 제외되었고, 자신이 사랑해 마지않는 회사 애플에서도 쫓겨났다. 당시 애플의 주가가 곤두박질치던 상황에서 스컬리 역시 난관을 타개할 적절한 인물로 보이지 않았다. 잡스는 내심 스컬리가 애플을 떠나 전처럼 탄산음료나 팔며 살기를 고대했다. 1990년대에 쓴맛을 본 애플은 잡스의 사람 쓰는 능력에 한 번 더 기대를 걸어 보기로 했고, 1997년 그를 재영입했다. 다시 제자리를 찾은 잡스는 이사회를 대대적으로 물갈이하고 '자신의 사람들'로 구성했다. 애플 2.0을 새로이 출범시킨 잡스에게 사람은 그 무엇보다 중요한 요소였다.

냉정을 잃지 마라

스티브 잡스는 변덕스럽고 퉁명스럽다는 단점을 갖고 있었다. 그는 동료들 앞에서 사람들에게 모욕 주기를 서슴지 않았고, 다른 이들의 아이디어를 냉큼 가져와 자신의 공으로 돌렸다는 의혹을 끊임없이 받았다. 초기 매킨토시 프로젝트를 맡았던 제프 래스킨은 잡스를 정말이지 못마땅해 했다. 마이크 스캇 사장에게 잡스는 관리자로서 형편없고, 자신과 생각이 다른 사람들을 공격하며 남의 아이디어를 가로채 자신의 공을 세운다고 말할 정도였다. 앞서 살펴봤듯 잡스는 래스킨과의 알력 다툼에서 더 우세했기 때문에 떨어져 나간 건 래스킨이었다. 여기서 중요한 교훈을 얻을 수 있다. 누군가를 열 받게 할 생각이라면 보복이 들어와도 충분히 견뎌낼 만한 위치에 있는지를 우선 살펴봐야 한다. 잡스와 래스킨의 대결에서는 잡스가 이겼지만, 거꾸로 잡스가 떨어져 나갔던 상황도 있었다.

관점을 잃지 마라

잡스는 또한 상당히 무자비한 면이 있었다. 1990년대 초 픽사 구조조정을 진행할 당시 전체 직원의 40%를 해고하며 사전 통보를 하지 않았음은 물론이고, 퇴직금도 일절 지급하지 않았다. 정리 해고를 실시하는 것이 결코 쉬운 일은 아니었지만 가족들에게 돌아가 회사에서 짤렸다고 말해야 하는 이들의 사정을 봐줄 생각도 없었다. 그는 또한 좀생이 같은 구석이 있어서 애플 창립 초기에 마이크 스캇 사장이 급여 처리 과정을 강화할 목적으로 급여 체계를 정비하자 불같이 화를 냈다. 워즈가 직원 명단 1순위로, 본인이 2순위로 등록되어 있다는 것이 그 이유였다. 그렇게 열을 낼 만한 일도 아닌데 잡스는 이를 상당히 민감하게 받아들여 스캇에게 따지고 나섰지만 스캇도 순순히 물러서지는 않았다.

청중을 잃지 마라

잡스와 매킨토시 프로젝트를 함께했던 이들은 그의 비뚤어진 면모를 참 많이도 봐야 했다. 특히나 이들이 못마땅해 했던 건 그의 변덕이었다. 어느 날은 별 볼 일 없는 아이디어라고 했다가 다음 날은 번뜩이는 천재적 아이디어라고 하질 않나, 그것도 다른 사람도 아닌 잡스 자신의 아이디어를 놓고 변덕을 부렸다. 그러나 맥 프로젝트를 통해 잡스는 관리자로서의 역량을 충분히 발휘했고, 결과적으로 모든 수단이 정당화될 만큼 우수한 최종 완성품이 탄생했다.

실제로 당시 맥 개발팀 일원이었던 버드 트리블은 "잡스는 팀원들에게 우리가 하는 일이 곧 위대한 무언가로 거듭날 것이라 설득하는 탁월한 재주가 있었다."라고 말했다. 잡스의 가장 큰 강점이라면 이렇게 사람들에게 새로운 지평에 대한 영감을 줄 수 있었던 능력이 아닐까 싶다.

잡스는 인맥을 위해 사업에 뛰어든 건 아니었지만 사람의 가치를 잘 알고 있었다. 그렇기에 종종 사람 관계에서 서툴렀던 그의 모습을 납득하기가 더 어려운 면도 있다. 버진 그룹의 CEO 리처드 브랜슨은 2012년 <쇼트리스트Shortlist>와의 인터뷰에서 이렇게 말했다. "직원들을 찍소리 못하게 하고 공포 정치로 제압하려는 기업인들이 많은데,

이는 어리석은 짓이다. 스티브 잡스는 꽤나 무자비한 사람이었음에도 제 역할을 잘 해냈지만 꼭 그렇게 했어야 했나 하는 생각이 든다."

과연 스티브 잡스는 직원들이 본인의 능력치 이상으로 더 잘 해낼 수 있는 환경을 만들겠다는 자신의 목표를 달성한 걸까? 그러고도 남는다.

Episode 07 ─────────────────────────────────

사람을 관리하지 않는 법

사업에서 사람이 얼마나 중요한지 누구보다 잘 알고 있던 잡스였지만 정작 그는 까칠하고 다가가기 어려우며, 종종 비합리적인 리더였다는 평을 주로 받았다. 잡스가 일적으로나 사적으로나 사람을 어떻게 대했는지 살펴보면 그의 행동은 따를 만한 지침이라기보다는 따르지 말아야 할 지침에 가깝다.

열정 하나는 대단했던, 그러나 성미가 좀 괴팍했던 잡스는 특정 상황이나 특정 유형의 사람을 대하는 자질이 부족하다는 점을 선뜻 인정했고, 그런 면이 그와 함께 혹은 그 밑에서 일한 사람들 다수로부터 존경과 신뢰를 얻는 데 큰 역할을 했다. 잡스는 모든 직원에게 '우리는 공통의 임무를 수행하고 완벽을 지향하는 한 배에 탄 운명 공동체'임을 각인시켰기에 가끔 도를 넘어 성질을 부려도 직원들은 이를 눈감아 주었다. 직원을 한없이 포용하는 것이 아닌, 더 나은 존재로 만드는 것이 자신의 역할이라는 게 잡스의 설명이었다. 그의 경영 방식은 적절한 평가를 받는다는 이 목표에도 어긋난다.

무덤까지 돈을 싸 들고 갈 생각도 없고, 그건 내게 중요하지도 않다. 밤에 잠자리에 들면서 "놀라운 일을 해냈구나."라고 말할 수 있는 것, 그것이 중요하다.

―――――――――――――――――――――――――――――――

Being the richest man in the cemetery doesn't matter to me …
Going to bed at night saying we've done something wonderful …
that's what matters to me.

스티브 잡스 *Steve Jobs*

돈을 지배하라

그래야 돈에 지배당하지 않는다

🍎

> 내가 애플에 돌아온 이유는 떼돈을 벌기 위해서가 아니었다. 다행히도 난 돈은 이미 가질
> 만큼 갖고 있었다.
>
> — 스티브 잡스 Steve Jobs

오로지 돈 때문만이어서는 안 된다

1999년 잡스가 <월스트리트저널Wall Street Journal>과의 인터뷰에서
했던 말이다. 은행 잔고가 전화번호만큼이나 넉넉한 사람이면 이런
말이 쉬울지도 모르겠다. 그러나 잡스는 전용기와 호화 요트를 제외
한 나머지 부분에서는 비슷한 위치의 사람들에 비해 상당히 소박한
삶을 살았다. 으리으리하다기보다 평범함에 가까운 저택에 살았고,
본인이 직접 산 옷으로 평범한 차림을 하고 다녔다. 잡스는 돈에 대
해 양면적인 태도를 취했다.

1996년 그는 23세에 백만장자가 되고, 25세에 억만장자가 된 이야기를 들려주었지만 돈 때문에 한 일이 아니었기에 얼마를 벌었는지가 그에겐 사실 별로 중요하지 않았다. 2000년대에 그는 이렇게 말했다. **"나는 내가 아는 사람들 중 유일하게 1년에 2억5천만 달러나 날려 먹은 사람이다. 그건 인격 수양이나 다름없는 경험이었다."**

잡스는 기업가entrepreneurs라는 개념을 별로 좋아하지 않았다. 수익을 최우선 목표로 회사를 설립하거나 개인적 이득을 위해 상장하려는 기회주의자로 인식했기 때문이었다. 잡스가 단기 수익 실현에 혈안이 되어 있었던 건 아닌 듯하지만, 그의 말을 곧이곧대로 들을 필요도 없다. <월스트리트저널>의 기술 전문 기자인 월트 모스버그Walt Mossberg의 말을 들어보자. "잡스는 CEO가 마땅히 해야 할 일을 했습니다. 우수한 인재를 채용하고 영감을 주고, 단기나 분기가 아닌 장기적 수익 실현을 이뤄 냈습니다. 베팅을 크게 걸고 큰 위험을 감수했지요."

공정해라

잡스와 돈의 관계에 문제가 전혀 없는 건 아니었다. 오히려 돈이 충분치 않아 문제가 발생했던 경우가 많았다. 어릴 적 가정 환경이 그리 넉넉지 않았던 걸 고려하면 그가 경제적 안정을 추구하는 데 관심이 없었을 거라 생각하긴 어렵다. 잡스의 부모님은 하루 벌어 하루 먹는 생활을 해야 했고, 아버지가 공인중개사 자격증을 취득한 이후에도 이어진 부동산 불황 때문에 궁핍한 생활을 벗어날 수 없었다.

잡스는 워즈와의 우정을 시험해 본 적도 있었는데, 아마도 경제적 문제 때문일 가능성이 컸다. 잡스가 아타리에서 근무할 당시 창업주 중 한 사람인 놀런 부시넬Nolan Bushnell은 그에게 나흘 내에 게임 하나를 개발해 달라고 요청했다. 오늘날 '벽돌 깨기Breakout'로 알려진 바로 그 게임이다. 혼자서는 역부족이겠다 싶었던 잡스는 워즈를 찾아가 도움을 요청했다. 제작비로 받은 700달러는 예전에 블루박스 수입을 나눴던 때처럼 정확하게 반으로 나눠 가졌다. 그러나 몇 년 후 아타리가 밝힌 당시 비화를 통해 완성된 게임에 매우 흡족해했던 부시넬이 잡스에게 5천만 달러를 보너스로 제공한 사실이 드러났지만 워즈에겐 땡전 한 푼도 돌아간 게 없었다.

이 이야기를 전해 들은 워즈는 매우 괘씸해했다. 잡스와 워즈 모두 몸값이 수백만 달러에 이를 때였음에도 말이다. 잡스는 평생 동안 이 얘기만 나오면 신경을 곤두세웠다. 이 얘기가 사실이라면 그 역시 돈의 유혹을 이기지 못하는 평범한 사람들과 다를 바 없는 셈이다.

스스로를 과소평가하지 마라

애플Ⅱ 출시를 앞두고 계약이 원활히 성사되지 않았더라면 잡스와 돈의 관계는 더욱 악연으로 흘렀을지 모르겠다. 애플Ⅱ 개발 단계에서 추가로 자금 조달이 필요했던 그에게 코모도 사Commodore가 접촉해 왔다. 공학용 계산기 제조사로 이름을 알렸던 코모도는 당시 컴퓨터 시장으로의 전환을 꾀하던 중이었다. 애플의 가능성을 본 코모도가 투자를 제안해 애플Ⅱ 개발에 10만 달러를 지원하고, 잡스와 워즈에게 연봉 3만6천 달러를 지급하는 조건으로 계약이 체결되었다.

이후 코모도 경영진은 애플 사업에서 철수했지만, 이 투자 건은 잡스의 목숨을 건 한판 승부였다. 잡스가 돈 욕심을 부렸기에 살아남을 수 있었던 셈이다. 잡스의 이런 행동은 자기 아들이 애플의 핵심 중 핵심이라 생각했던 워즈 부친과의 갈등을 유발하기도 했다. 워즈 부친은 자기 아들이 없으면 애플Ⅰ이나 애플Ⅱ가 나오지 않았을 테니 잡스가 팔 것이나 있었겠냐는 생각을 갖고 있었다. 그러나 워즈 자신은 부친의 입장에 100% 동의하진 않았다. 애초에 잡스가 없었으면 자신은 이 모든 혁신적인 기술을 공짜로 줘버릴 뻔했기 때문이다.

똑같이, 공평히 나눠라

1980년 애플 최초의 주식 공모가 이뤄진 후에도 돈 문제는 끊임없이 이어졌다. 그해 12월 12일에 실시된 공개 상장은 근래 최대 규모로 이뤄졌는데, 40여 명의 직원들이 하루아침에 백만장자가 될 정도였다. 잡스가 보유하고 있던 15% 주식 가치는 2억2천만 달러에 달했다. 그러나 이 공모를 통해 충분히 이득을 보지 못한 사람들도 있어 형평성 문제가 불거졌다.

초기 창립 멤버로 애플을 이만큼 길러내는 데 크게 일조한 빌 페르난데즈, 대니얼 콧키 및 크리스 에스피노자는 별 수혜를 입지 못한 반면, 크게 한 역할이 없는 직원들이 급여 계약에 따라 주식을 배당받아 엄청난 금전적 이득을 보았다. 일부 사람들이 보기엔 목소리 큰 이들은 자기 몫을 알뜰히 챙겨 가고, 조용히 일이나 하는 이들은 손해를 보는 그림이었다. 콧키에게 아무런 혜택이 주어지지 않는 것이 부당하다고 생각한 한 직원은 잡스가 콧키에게 주기로 한 주식을 2배로 늘리자고 제안했고, 잡스는 이를 받아들였다. 물론 콧키에게 줄 주식 수는 0개라는 말을 덧붙이기 전까지는 말이다.

애플의 증시 상장은 모든 이들에게 경이로운 경험이었다. 물론 놀라운 성장을 지속해 나가기 위해 애플은 자사로 유입되는 자금에 의 존했지만, 한편으론 그런 거대 자금은 갈등을 유발할 요소를 포함한다는 점도 깨닫게 되었다.

워즈는 거대 기술 업체에 근무하는 것이 그리 안정적이지 않다는 사실을 깨달았다. 주주를 통한 자금 유입으로 상황이 더욱 복잡해졌고, 결국 그는 잡스의 본가에서 처음 시작한 애플과의 인연에 종지부를 찍기로 결심했다.

또한 당시는 워즈가 프로젝트에 더 이상 흥미를 느끼지 못하는 시기이기도 했다. 이제 돈 걱정 할 필요가 없게 된 잡스에게 이 상황은 돈이 다가 아님을 깨닫고, 새로운 길을 모색하는 데 집중하게끔 하는 역할을 했다. 그가 후에 언급했듯 세상이 놀랄 일을 해내는 것은 그에겐 곧 존재의 이유였다. **"놀라운 일을 해내는 것이 다가 아니다. 매일매일 그러한 일을 실제로 실천에 옮기며, 그 과정에 함께할 기회를 얻는 것이 더 중요하다."**

수익 측면도 소홀히 해서는 안 된다

회사 지배 구조가 제대로 되어 가고 있는지를 살피는 차원에서 수익은 상장 이후 잡스에게 상당히 중요한 문제로 다가왔다. 쏟아지는 자금에 면역력이 금세 생길 리 만무했다. 1990년대 후반 그가 애플로 복귀했을 당시 사주 1주와 건강 보험 혜택 그리고 연봉 1달러를 받았다는 사실은 널리 알려져 있다. 그는 50센트가 기본급이고, 나머지 50센트는 성과급이라는 농담을 던지기도 했다. 이는 애플을 키워 내기 위해 돌아온 것이지 돈을 벌려고 돌아온 것이 아님을 강조하기 위한 말이었다.

그러나 이내 연봉 협상이 이뤄져 전용기도 너끈히 살 수 있을 8천만 달러의 연봉과 더불어 수백만 달러 치 스톡옵션을 제공받았다. 잡스가 이뤄낸 업적을 고려하면 그가 받는 대우를 못마땅해할 사람은 없었지만 잡스가 돈 문제에 완전히 초연했다고 보기는 어려웠다. 업계에서 그와 비슷한 위치에 있던 빌 게이츠가 자선가로 이름을 날린 반면, 잡스는 자선 사업에 거의 관심을 기울이지 않았다. 딱 한 번 자선 단체를 세우기도 했지만 이내 문을 닫았고, 애플을 떠났다 복귀한 뒤로는 자선 사업에서 일절 손을 뗐다.

그럼에도 잡스는 이 세상에 존재했던 그 누구보다도 파급력 있는 에너지와 열정을 일에 쏟아부었다. 아이러니하게도 돈을 어떻게 써야 하는지를 깨닫고 돈을 지배할 수 있게 된 건 그의 수중에 충분한 돈이 주어지고 나서였다.

품질의 기준이 되어라. 탁월함이 요구되는 상황에 익
숙지 않은 사람들도 있다.

Be a yardstick of quality. Some people aren't used to an environ-
ment where excellence is expected.

스티브 잡스 *Steve Jobs*

디자인을 뒷전에 두지 마라

●

멘토이자 친구가 되어 준 스티브에게 감사한다. 당신의 작품으로 세상을 바꿀 수 있다는 걸
몸소 보여 준 것에도 고마움을 전한다.

— 마크 저커버그 Mark Zuckerberg

잡스는 많은 사람이 디자인을 제품 제작의 가장 마지막 단계에 이뤄지는 겉치장 이상으로 여기지 않는 점에 의아해했다. 그래서 이런 말을 하기도 했다. **"디자인은 인간이 만들어 내는 창작물의 밑바탕에 있는 영혼과도 같으며, 외관을 통해 해당 제품 및 서비스의 존재감을 드러내는 역할을 한다."**

애플Ⅱ가 엄청난 성공을 거둔 후 1980년 사무용으로 출시된 애플Ⅲ는 실패작이나 다름이 없었다. 워즈가 회사의 기술적 부문을 도맡았던 이전과 달리 상장 후 공룡 기업이 된 애플의 신제품 개발 작업에 사람들은 너 나 할 것 없이 저마다 의견을 내고자 했다. 이 중 한 사람이었던 잡스는 앞서 '사람을 관리하지 않는 법'에 잘 드러나 있

123

듯 많은 이의 의견을 묵살했고, 몇 가지 심히 의문이 남는 결정을 내리기도 했다. 애플Ⅲ를 최대한 예쁘게 만들고 싶었던 그는 제품 외관에 대해 까다로운 요구 사항을 제시하며 무수히 많은 기술적 문제를 야기시켰다.

잡스는 당시 진행 중이던 리사 프로젝트에 거는 기대도 컸다. 제록스 PARC를 견학할 때 본 여러 가지 기술들을 모두 적용시키고자 했고, 이때 잡스가 직원들을 격려하며 한 말이 바로 "우주에 흔적을 남기자."였다. 그러나 애플에게 이 시기는 과도기였고, 애플Ⅲ가 잡스의 오만하고 간섭이 심한 경영 방식에 심히 좌우되었다는 말이 나돌기도 했다. 애플Ⅲ가 생각만큼 성공을 거두지 못하자 리사 모델만큼은 살려야 한다는 압박을 받았지만 이 압박감이 또 문제였다. 이에 마이크 스캇 사장은 잡스를 리사 프로젝트에서 제외시키기로 결정했다.

암담한 기분이었던 잡스는 당시 회사 내에서 역할도 애매모호한 상태였기에 눈을 낮춰 매킨토시 프로젝트에 전념키로 했다. 매킨토시는 일반 대중을 겨냥한 보급형 모델이었다. 잡스가 맡은 사실상 첫 프로젝트였고, 원하는 대로 프로젝트를 이끌어 갈 수 있는 재량권이 주어졌다. 이때 잡스의 활약상을 보면 그가 제품 디자인에 대해 어떤 생각을 갖고 있었는지 엿볼 수 있다.

실용성을 갖춰라

잡스가 가진 디자인 철학의 핵심 중 핵심은 '어떻게 보여지느냐'뿐만 아니라 '어떻게 작동하느냐'에도 신경을 쓰는 것이었다. '좋은 디자인'이란 대개 외관이 얼마나 예쁜지로 해석되는 세계에서 잡스는 미적인 부분만큼이나 실용성에도 주안점을 뒀다. '실용성=미'의 공식이 성립되는 셈이다. 그는 또한 디자인과 혁신을 잇는 본질적 연결고리도 보았다. 혁신은 위대한 아이디어를 떠올리는 것을 넘어서 그 아이디어를 제대로 실현해 내는 작업이다. 세상에 존재하는 수많은 '몽상가들'은 이 말의 뜻을 잘 이해할 수 있을 것이다. 위대한 아이디어를 떠올리는 것도 중요하지만, 이 위대한 아이디어에 어떻게 실체적 형태를 부여할 것인가 하는 질문은 잡스의 상상력을 자극시켰다.

간결함을 갖춰라

잡스는 최고로 위대한 디자인은 간결함에 뿌리를 두고 있다고 믿었다. 화가 피카소는 어린아이처럼 그림 그리는 데 평생이 걸렸다고 말한 바 있다. 간결한 디자인을 추구했던 잡스도 이와 유사한 태도를 견지했는데, 최고로 간결한 디자인은 뼈를 깎는 실험과 테스트, 수정 및 개선 작업의 산물이라 생각했다. 그에게 복잡한 디자인은 근본적으로 뭔가가 잘못된 것이나 다름없었다. 그는 이를 문제 해결 과정에 빗대었다. 대부분의 문제는 언뜻 보기에 쉽게 해결될 수 있을 듯하지만, 깊이 들어갈수록 그전에는 몰랐던 복잡함이 층층으로 쌓여 있어 해법 역시 복잡하고 난해할 수밖에 없다는 게 그의 주장이었다. 궁극적으로 이런 모든 복잡함을 간결함으로 승화시켜 내야 하는 것이다.

잡스는 맥 개발을 통해 이런 간결함을 현실화시키고자 했다. 뛰어난 아이디어를 가진 이들이 모여 경계를 허물기 위한 노력의 결과물이 막 개발되려는 참이었다. 이들이 할 일은 최신 기술의 세계를 탐험하며 놀라운 일을 해내기 위해 스스로가 무엇을 할 수 있는지 상상해 보는 것이었다. 이들은 평범한 사람이 전에는 상상조차 할 수 없었던 일을 직접 할 수 있는, 그 꿈을 이루게 해 주는 기기를 만들어 낼 방법을 궁리했다. 맥 개발팀은 이런 포부로 디자인을 위한 여정을 마무리했다.

완벽을 기하라

맥 개발팀이 선보인 컴퓨터는 당시 기준으론 상당히 날렵하고 섹시함을 갖춘, 주변에서 흔히 볼 수 있는 평범한 컴퓨터의 모습과는 전혀 다른 모습으로 출시되었다. 여기에 3.5인치 디스크 드라이브를 장착해 외관을 보다 깔끔히 정리했으며, 당시 플로피 디스크는 셔츠 주머니에 넣을 수 있는 사이즈였기에 실용적인 면에서도 우수했다. 컴퓨터 전원을 켜면 이전 제품들과는 차원이 다른 그래픽 인터페이스부터 마우스, 우아한 워드프로세서 소프트웨어까지 다양한 즐거움이 펼쳐졌다.

그러나 디자인은 예나 지금이나 부정확한 과학이기에 잡스를 비롯한 맥 개발팀 모두 배우는 단계에 있었다. 일부 사람들은 잡스가 이따금 특이한 결정을 내린다고 생각했다.

예를 들어 잡스는 시끄러운 소리를 내는 팬을 기기에서 뺐으면 했는데, 이는 곧 메모리 성능 저하를 감수해야 한다는 뜻이자 부품 사고의 위험성이 커진다는 뜻이기도 했다. 게다가 그는 기타 장치를 연결할 수 있도록 기기 여기저기에 홈을 내는 걸 끔찍이도 싫어해서 사용자들이 편의에 맞게 여러 장치를 연결해 쓸 수 있는 제품을 만들고자 했던 워즈를 포함한 엔지니어들과 대립각을 세웠다. 그 외에도 당시에는 논란이 되었지만 이제 와서 돌이켜 보면 논란이라고 보기도 애매한 선택 사항들이 있었다. 그중 하나가 사용자들의 마우스 사용을 유도하기 위해 맥 키보드에서 화살표 키를 제거한 것이었다. 당시 많은 사람이 이에 의문을 품었지만 마우스 없는 컴퓨터는 상상할 수 없는 오늘날의 상황을 보면 당시 잡스가 내린 결정이 장기적인 관점에서 틀렸다고 누가 말할 수 있을까?

기억하라: 나쁜 아이디어도 다 쓸모가 있다

애플의 수석 디자이너이자 잡스의 신임을 받았던 조너선 아이브 Jonathan Ive는 2011년 잡스의 장례식에서 디자인 회의 때 그가 보인 모습을 통해 깨달은 바를 들려주었다. 잡스는 브레인스토밍 회의에서 갖가지 아이디어를 거침없이 제시했다고 한다. "물론 몇 가지 아이디어는 '뭐 저런'이란 말이 나올 정도로 형편없었지만, 결과적으로 보면 그만한 가치가 있었다. 회의 현장의 분위기를 통해 사람들의 머릿속에 떠오른 갖가지 생각들, 과감하고 정신 나갔다 싶을 정도의 놀라운 아이디어나 단순한 아이디어 모두 너무나도 소중했다."

진전시키고 반복하고 개선하라

잡스는 맥 개발 당시 아이브에게 무한한 상상력의 자유를 허락했고, 그렇게 해서 나온 것이 감각적인 삼각형 모양에 투명 케이스가 씌워진, 기존의 제품들과 전혀 다른 모양새를 한 아이맥이었다.

1998년 시판에 들어간 아이맥은 애플 역사상 가장 단시간에 팔려 나갔다. 그 후 몇십 년에 걸쳐 선보인 아이팟과 아이북, 아이패드iPad, 아이폰 등은 모두 탁월한 디자인과 사용자를 위한 간단한 조작 시스템, 문제 해결을 위한 신기술을 갖춘 제품들이었다.

애플은 제품 포장에도 다음과 같은 잡스만의 디자인 원칙을 심었다. '간결하고 실용적이며 보기에 아름다울 것.' 새로 나온 아이팟을 막 상자에서 꺼낸 사람에게 소감이 어떠한지 한번 물어보라.

디자인과 관련해 잡스는 자신을 발명하는 사람이 아닌 발견하는 사람으로 인식했다. 폴라로이드 사를 세운 랜드 박사와 마주 앉아 대화를 나누던 잡스는 아이맥이 새롭게 개발된 것이 아니라 전부터 쭉 있어 왔으며, 다만 그 형체가 발견되길 기다리고 있었을 뿐이라는 생각을 털어놓기도 했다.

기술 분야는 본디 복잡한 문제와 끊임없이 씨름해야 하는 분야이다. 잡스는 이런 복잡함을 취해 자신의 것으로 만든 후 대중을 위해 간결한 모습으로 재탄생시켰고, 아름다움을 더해 제품으로 제공하며 성공을 일궜다. 그의 디자인 본능에는 비록 허점이 있을지 몰라도 그가 남긴 제품들 속에서 압도적인 그의 향기를 느낄 수 있다.

애플 아이팟 디자인은 어떻게 탄생했나?

2000년대 초반 음악 시장은 끊임없는 변화를 겪고 있었다. 한 세기 이상 이 시장을 장악해 왔던 음반 회사들은 호재인지 악재인지 모를, 비용도 얼마 안 들고 복제가 용이한 디지털 기술의 등장에 목이 조여오는 상황을 맞았다. 1980년대에 등장해 카세트 테이프를 밀어냈던 CD는 이제 자신의 자리를 넘겨줘야 할 처지에 놓였다. 지식재산권에 대한 개념이 부족한 젊은 온라인 사용자들이 음악 시장에서 활개 쳤다. 이 무법천지의 시장에 혜성처럼 나타난 아이팟은 모든 것을 바꿔 놓았다.

2001년 후반 처음 출시되었을 때 아이팟은 시장에 나온 MP3 중 최초도, 최저가도 아니었다. 그럼에도 음악 좀 듣는다 하는 사람들의 머스트 해브 아이템으로 자리 잡았다. 과연 무엇이 아이팟을 그리 특별한 존재로 만든 것일까? 아마 두 가지 요소 덕분이 아닐까 싶다. 디자인design과 탁월함brilliance.

본격적인 아이팟 개발 작업은 잡스가 컴퓨터 엔지니어인 존 루빈스타인Jon Rubinstein을 투입하면서 시작되었다. 그는 엔지니어 마이클 듀이Michael Dhuey와 토니 퍼델Tony Fadell, 영국 출신 디자이너인 조너선 아이브를 투입해 전담 팀을 꾸렸다. 그 후 1년이 채 지나지 않아 아이팟이 세상에 모습을 드러냈다. 이는 잡스가 이끄는 애플이 얼마나 탁월하게 움직였는지를 보여 준 전형적인 사례인 셈이다. 아이팟 개발의 최초 돌파구는 루빈스타인이 일본 기술 업체 도시바가 개발한 초소형 고성능 디스크 드라이브를 발견한 순간이었다. 이 초소형 드라이브를 어떻게 써먹어야 할지 아무도 감을 잡지 못하던 상황에서 루빈스타인은 이 제품의 애플 독점 사용권을 따냈다. 이로써 아이팟을 움직이게 할 동력이 갖춰졌다.

그동안 아이브는 아이팟의 외관, 촉감 및 사용성에 대해 고민했다. 1992년 애플에 합류한 그는 전에 없던 외관을 선보여 모두를 놀랍게 한 아이맥을 비롯해 애플을 대표하는 몇 가지 획기적인 제품 디자인을 선보이며 사내에서 승승장구해왔다. 잡스와 마찬가지로 그 역시 간결함과 깔끔함을 디자인의 주안점으로 뒀다. 그 결과 나온 것이 카드 한 벌보다 얇은 아이팟의 슬림한 디자인이다.

주 메뉴에 하부 메뉴를 둬 사용자들이 아티스트별, 앨범별, 장르별로 음악을 구분해 정리할 수 있도록 했다. 아이팟 전면에 위치한 혁신적이면서 우아한 원형 버튼으로 파일 탐색뿐만 아니라 재생, 되감기, 빨리 감기, 볼륨 조절이 가능하다. 애플이 지향하는, 궁극적 정교함을 담은 간결함의 철학을 잘 드러내는 단 한 가지를 꼽으라면 바로 이 원형 버튼이라 하겠다.

색상을 선택하는 과정에서 아이브는 이런 생각을 했다. '순백색보다 더 간결하고 단순한 것이 있을까?' 이에 본체뿐만이 아니라 이어폰도 흰색으로 가기로 했다. 이에 회의적인 시각을 보낸 이들도 있었지만 아이팟의 순백색은 언제 어디서나 이 제품을 돋보이게 하는 역할을 했다. 아이브는 아이팟 구석구석에 미적인 요소를 심고자 했고, 제품 포장도 예외는 아니었다. 지저분하게 스티커를 붙일 필요가 없도록 아이팟 시리얼 넘버는 본체에 새겼으며, 제품을 박스에 고정시키기 위해 지저분한 와이어가 아닌 깔끔한 클립을 사용했다. 이런 자잘한 부분까지도 탁월함의 손길이 미쳤다.

아이팟이란 이름은 프리랜서 카피라이터로 아이팟 홍보를 위해 채용된 비니 치에코Vinnie Chieco의 아이디어에서 나온 것으로 전해진다. 잡스는 맥을 다른 애플 제품을 탄생시키기 위한 허브hub라고 말했고, 이를 들은 치에코는 2001년 작

'스페이스 오디세이A Space Odyssey'에 나온 '할, 팟 베이pod bay 문을 열어!'란 대사를 떠올렸고, 여기에 애플의 상징 'i'를 더해 'iPod'이란 이름을 완성했다. 상표 등록을 하려고 보니, 이미 애플이 인터넷 키오스크 프로젝트에 사용하려고 '아이팟'이란 이름을 과거에 등록했었단 사실이 드러났다. 아이팟 개발팀도 전혀 모르고 있던 사항이었다. 이를 통해 잡스는 또 한 가지 교훈을 얻었다. '정말 열심히 하고 나면 자연스레 운이 따라 이후 일이 순조롭게 풀릴 때도 있다.'

아이브는 "아이팟은 어느 한 사람의 천재성이 빚어낸 결과물이 아니라 디자이너, 엔지니어, 제조사 등이 모두 힘을 합쳐 의견을 조율하고 끊임없이 수정하고 개선하는 힘겨운 과정을 거친 결과물이다."라고 말했다. 겸손하자고 한 말이겠지만 어딘가 애플스러운 느낌을 풍긴다.

마지막으로, 제품의 특징을 고스란히 드러내면서 사용자들의 상상력을 자극하는 데 한몫한 탁월한 광고 카피로 화룡점정을 찍었으니, '1천 곡을 내 주머니 속에!'가 바로 그 주인공이다.

클릭. 쿵(굉음). 놀랍죠!

Click, Boom, Amazing!

스티브 잡스 *Steve Jobs*

꿈을 팔아라

🍎

기술만으로는 애플의 DNA를 만족시킬 수 없다. 기술은 인문학과 결합돼야 하고 사람의 마음에서 우러나오는 인간성을 반영해야 한다.

― 스티브 잡스 Steve Jobs

애플만큼 일반적인 기업의 전형에서 탈피해 꿈을 심어 주는 존재로 거듭난 기업을 찾아보긴 어렵다. 가끔 보면 애플은 단순한 소비자보다 내 생활의 업그레이드를 위해 애플 제품을 구매하는 신봉자를 더 많이 보유한 듯한데, 이는 지난 30년간 애플만의 정교하면서도 영감을 주는 광고를 통해 차곡차곡 쌓아 올린 문화이다.

1984년 애플이 슈퍼볼 Super Bowl 광고 시간대에 내보낸 매킨토시 광고는 가히 획기적이었으며, 여기엔 업체의 철학이 고스란히 드러나 있다. 슈퍼볼 시간대 광고는 비용도 비용이지만 그 상징성이 대단하다. 애플이 이 시간대에 광고를 내보냈다는 건 진지하게 사업에 임하고 있다는 분명한 메시지인 셈이다. 슈퍼볼은 남녀노소를 불문한 모든 미국인이 시청하는 경기로 폭넓은 소비자층을 공략할 수 있다. 애플은 단순한 컴퓨터 마니아만이 아닌, 모든 이들을 위한 제품을 선보인다는 메시지를 전달하고자 했다. 이전에는 없던 '대중을 위한 기술'의 출현이었다.

조지 오웰의 『1984』를 모티프로 한 이 광고는 리들리 스콧Ridley Scott 감독이 연출을 맡았다. 제품 기능이 어떻다고 알려 주기보다 이 제품을 구매하는 소비자는 스타일과 생활 방식의 업그레이드를 이룰 수 있다는 점에 초점을 맞췄다. 꾸준한 제품 개발로 '내 삶의 업그레이드'가 앞으로도 계속 가능하다는 암시이기도 했다.

광고에서 큰 망치를 든 한 평범한 여성이 달려 나와 빅 브라더의 모습을 비추는 대형 화면을 내리치는 장면이 나온다. 마지막에 매킨토시와 함께 화면에 '이번 1984년이 어떤 면에서 『1984』와 다른지 보게 될 것이다.'라는 카피가 나온다. 더불어 반격, 자유를 위한 투쟁, 더 나은 미래를 찾아 나서는 자 등의 이미지를 심어 주며 당시 최대 라이벌이자 빅 브라더를 상징하는 IBM을 대상으로 공격에 나섰다.

그러나 애플의 광고가 다 성공을 거둔 건 아니었다. 컴퓨터 사용자들을 '레밍스lemmings' 즉 나그네쥐로 묘사한 이듬해 1985년 슈퍼볼 광고는 애플 제품을 사용하지 않는 이들을 비하하는 듯한 뉘앙스를 풍겨 사람들의 빈축을 샀다. 펩시가 코카콜라를 마시는 사람들을 양에 빗대면 어떻겠는가? 코카콜라를 마시는 이들은 모욕감을 느낄 테고 펩시에 등을 돌리면 돌렸지 펩시로 갈아타지는 않을 것이다.

애플의 1984 광고와 비견될 만한 또 다른 역작은 'Think Different' 광고이다. 1997년부터 2002년까지 방송된 이 광고 역시 현재에 도전한다는 메시지를 담고 있다. 이 광고는 애플 사용자들이 '일반적인' 것으로 간주되는 경계를 거부하는 이들임을 나타낸다. 21세기에 들어서며 애플은 최대 라이벌인 마이크로소프트 사용자를 자사로 끌어들이는 데 주력했다. 이러한 목적을 위해 탄생한 'Switch전환'라는 제목의 광고는 한 번의 '전환'으로 내 미래를 장악하고 무수히 많은 기회의 장에 진입할 수 있다는 메시지를 전달했다.

애플 제품을 통해 개성을 드러낼 수 있다는 아이디어는 애플의 광고 속에도 여실히 반영되어 있다. 아이팟 광고 삽화를 보면 음악을 듣고 있는 여성은 실루엣으로 처리되어 있지만 아이팟과 애플 고유의 디자인으로 이뤄진 이어폰은 확연히 드러나 있어 애플 제품임을 즉시 파악할 수 있다. 애플 광고는 제품의 기능이나 가격 등은 거의 언급하지 않는 대신, 자사 제품을 갖는 게 얼마나 기분 좋은 일인지 넌지시 알려 준다.

Think Different, 다르게 생각하라

앞서 '잡스의 영웅들'에서 살펴보았듯 '다르게 생각하라' 광고에는 기존의 경계를 허문, 아웃사이더 기질의 영웅들이 대거 등장했다. 물론 이들 중 애플 제품을 사용했던 사람은 없었다. 아인슈타인이 상대성 이론을 탄생시키는 데 맥을 사용했을 리 만무하고 간디가 아이팟으로 사람들에게 음악을 들려주며 자유를 역설했을 리 없다. 물론 그럴 수 있었더라면 좋았겠지만, 애플은 이런 전 세계적 유명 인사들의 이미지를 교묘하게 이용했다는 의혹을 떨치기 위해 광고에 나온 모든 이들의 이름으로, 고인의 경우 사유지 명의로 자사 제품 및 기부금을 자선 단체에 기부하겠단 의사를 밝혔다. 이 광고는 지난 10년을 지나오며 조금씩 퇴색했던 애플의 반문화적 색채에 또 한 번 선명함을 심어 주는 역할을 했다. TV 광고에 나오는 글귀 역시 애플의, 특히 잡스의 철학을 잘 드러내 준다. 한번 살펴보자.

> 미친 자들에게 건배를. 부적응자, 반역자, 말썽꾸러기들. 네모난 구멍에 박힌 둥근 못. 다른 시각으로 보는 사람들.
>
> 규칙 따위는 안중에 없고 현 상황은 성에 차지 않는다. 이들을 인용하든 반대하든, 찬양하든 비난하든, 뭘 하든 상관없지만 단 하나, 무시만은 금물이다. 왜냐, 이들은 변화를 가능케 하는 이들이니까. 인류의 발전을 이끄는 이들이니까.
>
> 미친 사람처럼 보이기도 하겠지만 우리에게 이들은 천재이다. 세상을 바꿀 수 있다고 생각할 만큼 미친 자들은 정말 세상을 바꿔 내고 마니까.
>
> **─ 작성 : TBWA/Chiat/Day(미국 광고업체)**

자동차 변속 장치가 어떻게 움직이는지 몰라도 차를 모는 데는 지장 없다. 자동차가 움직이는 원리를 파악하려고 물리를 공부할 필요는 없다. 매킨토시를 사용하려고 이 모든 걸 다 이해할 필요도 없다.

Most people have no concept of how an automatic transmission works, yet they know how to drive a car. You don't have to study physics to understand the laws of motion to drive a car. You don't have to understand any of this stuff to use a Macintosh.

스티브 잡스 *Steve Jobs*

'우리 고객'을 만들어라

제품, 영감 그리고 가능성… 이 모든 것에 감사한다.
　　　　　－ 트렌트 레즈너 Trent Reznor, 밴드 나인 인치 네일스 Nine Inch Nails의 리더

고객의 충성심에 부응하라

잡스가 이끈 애플이 보여 준 탁월한 능력 중 하나는 애플 제품을 구매하는 고객들에게 '우리는 생각이 자유로운 사람들이며 진보적이고 창의적인, 미래 지향적인 사람들'이라는 인식을 심어 준 점이다. 특히 애플의 세련된 기술 혁신 제품을 돈만 내면 살 수 있다는 점은 가장 큰 매력이었다.

애플 설립 초창기부터 잡스는 회사의 성공은 매출 한 번 잘 나온다고 이뤄지는 게 아니라 장기적 시장을 확보하는 데 달렸다는 걸 파악했다. 애플을 탄생시킨 미국의 모든 사람이 자사 컴퓨터를 사용

하는 그날을 꿈꾸기도 했지만, 경쟁업체 IBM이 단기 및 중기 사무용 컴퓨터 시장을 점령할 가능성이 매우 높다는 사실도 직시했다. 그래서 잡스는 아직 아무도 진출하지 않은 교육 시장을 포착해 점령에 나섰다.

교육 시장은 애플에게 '우리 구역'이 될 만한 영역이었던 셈이다. 즉시 교육 재단을 설립해 교사들 및 교육 소프트웨어 개발자들을 위한 기부에 나섰고, 초·중·고교에 컴퓨터를 무상으로 제공하며 대학교 시장으로의 진입로도 뚫었다.

오늘날까지도 애플은 '학생 할인'을 제공한다. 이런 방식으로 초중고교나 대학교에서 처음 애플 컴퓨터를 접한 이들은 쭉 애플의 팬으로 남게 되었다. '어린아이를 내게 맡기면 제대로 어른으로 키워 주겠다.'의 정신이랄까.

잡스는 '애플 교敎'와 같은 말을 들으면 웃어넘기곤 했지만 애플 고객들이 유독 충성심이 높다는 점은 인정했다. 일부 사람들에게 세상은 '애플파'와 '비非애플파'로 나뉘었다.

잡스는 이에 대해 고객이 제품에 기대한 바가 크게 어긋나지 않기 때문이고, 또 애플의 심사숙고와 유비무환의 자세를 인정해 주었기 때문이라고 생각했다.

생활 방식을 판매하라

애플 광고는 '다르게 생각하라'라는 메시지를 던지며 인류 역사에 혁신적 발자취를 남긴 여러 인물들을 소개하고, 아이팟을 착용한 우아한 모습을 보여 주는 등 고객들의 유난한 충성심을 배양시키는 데 큰 역할을 했다.

이들 광고는 보는 이들에게 애플 제품 소개뿐만 아니라 '어떤 사람이 되겠느냐'라는 질문을 던졌다. 생활 방식에 대한 선택권을 준 셈이다. 그러나 광고는 고객을 모여들게 할 수 없다. 고객층은 유기적으로 생겨나는 것이다. 잡스와 워즈가 샌타클래라 밸리의 차고에서 진행된 컴퓨터 클럽 모임에 참석했을 당시부터 애플이란 기업 문화의 싹이 트기 시작했다.

'애플 문화'의 정수를 볼 수 있는 곳은 1985년 시작된 맥월드 컨벤션이다. 애플이란 공통분모 아래 거래업자, 고객, 평론가, 애플 제품에 열광하는 팬들 등 다채로운 이들이 여기 함께 모여 애플 신제품을 기념하고, 또 이에 대해 이야기를 나눈다. 잡스가 직접 나서는 신제품 발표 역시 대개 여기서 이뤄지며, IT 뉴스뿐만 아니라 전 세계 TV, 라디오 및 인터넷 매체가 집결하는 곳이기도 하다. 그 현장에 있으면 지금 만들어지고 있는 역사의 한 페이지 속에 있는 듯한 느낌을 받는다. 여기서 잡스를 보는 건 행동으로 보여 주는 커뮤니케이션 달인을 직접 마주하는 것과 같다.

잡스가 이끄는 애플은 많은 기업이 손에 넣으려 하지만 결국 실패하고 마는 어떤 것을 손에 넣었다. 자사 제품을 구매하는 건 곧 그 고객의 정체성을 드러내 주는 환경을 만들어 낸 것이다. 이것이 바로 그렇게나 많은 사람이 한번 발을 담그면 좀처럼 떠날 생각을 않는 '애플파'에 가담하는 이유이다.

이런 놀라운 제품이 있다니! 말이 필요 없다.

_____

This is landmark stuff. I can't overestimate it!

스티브 잡스 *Steve Jobs*

빅뱅을 향해 나아가라

물론 서서히 타오르는 것도 나름의 매력이 있겠지만 개인적으로 난 '빅뱅형 인간A big-bang guy'이다.

- 스티브 잡스 Steve Jobs

잡스는 재주가 많은 사람이었지만 특히 세일즈 능력이 정말 탁월했다. 애플이 자랑스레 내세울 만한 위대한 제품을 가졌다는 점을 익히 알고 있었고, 어떻게 해야 제대로 홍보할 수 있는지도 정확하게 파악하고 있었다. 대중의 이목이 집중됐던 제품 출시 당시 잡스가 어떻게 했는지를 보면 이러한 면모를 잘 엿볼 수 있다. 매킨토시 초대 개발팀의 일원이었던 앤디 허츠펠드는 이를 '현실 왜곡장'에 빗댔다. 영화 스타트렉Star Trek에 나오는 표현인데, 특유의 허세와 마케팅 능력, 고집, 어딘가 클래식한 매력을 동원해 그 어떤 기상천외한 아이디어도 납득시키게 만드는 잡스의 능력이 현실을 왜곡시키는 듯한 착각을 불러일으켰기 때문이다. 실제로 신상품 발표회에서 잡스만큼 전 세계 언론을 주목시키는 이도 없었다. 과연 무엇이 대중 앞에 선 잡스를 그렇게 인상 깊은 존재로 여기게끔 하는 것일까?

그냥 말하지 마라: 영감을 자극하라

사업 프레젠테이션은 제품 세부 사항이나 매출 전망치 등을 보여줄 목적으로 대개 무미건조하고 지겨운 방식으로 진행된다. 잡스 역시 여느 PPT처럼 수치와 과학적 자료 등을 많이 사용했지만 무엇보다 재미에 주안점을 뒀다. 그는 멋진 걸 보면 "멋지다."라고 말하는 사람이었다. 그는 제품 기능만 따지는 영업 사원이 아니라 '염원과 포부'를 파는 사람이었기 때문이다. 그의 아이팟 소개말을 보자. '우리만의 자그마한 방식으로 세상을 더 나은 곳으로 만들 것이다.'

공동의 적을 만들어라

잡스는 사람들로 하여금 오로지 애플 제품을 통해서만 다른 후진 제품을 사용한 경험에서 벗어날 수 있다고 생각하게 만드는 재주가 있었다. 가끔 경쟁사를 의미하는 '적'이 소비자를 오도 가도 못하게 하고 있다고 말하기도 했는데, 애플 초창기엔 IBM이, 후엔 마이크로소프트가 이 '적'에 해당했다. 그러나 그만큼 해결이 필요한, 걸림돌의 원흉이 되는 문제를 짚어 나가는 데에도 열심이었다. 아이팟이 등장하기 전까지 초소형 기기에 곡이 1천 개밖에 들어가지 않는 게 불편하다는 생각을 누가 했을 것이며, 그렇기에 최대 5천~4만 곡까지 내려받을 수 있게 용량을 늘릴 필요가 있다는 생각 또한 누가 할 수 있었을까?

간단히 해라

항공기 제조업체 록히드 마틴의 고도기술개발팀 스컹크 웍스Skunk Works의 전설적인 사장 켈리 존슨Kelly Johnson은 KISS라는 축약형으로 널리 알려진 "Keep it Simple, stupid간단히 해"라는 말을 남긴 것으로 유명하다. 잡스 역시 그랬다. 프레젠테이션을 구상할 때 맥이 아닌 종이와 연필을 사용했고, 전문가 수준이 아닌 일반인들이 쉽게 이해할 수 있는 표현을 썼다. 축약형이나 전문 용어는 고위급 회의에 적절할지 모르겠지만 대중을 상대로 한 프레젠테이션에는 맞지 않았다. 또한 숫자를 사용할 경우에는 반드시 설명을 더했다.

예를 들어 아이폰이 4백만 개나 팔렸다는 말 뒤엔 하루 평균 2만 개가 팔린 셈이라는 말을 덧붙여 듣는 사람이 쉽게 이해하도록 했다. 2007년 맥월드 기조연설에서는 이렇게 말했다. "**요즘 하루에 팔리는 곡 수가 5백만 개가 넘습니다. 놀랍지 않습니까? 매일 1초마다 58개씩 팔리는 셈입니다.**"

이렇게 맥락을 적절히 드러냄으로써 그 숫자가 나타내는 의미를 한층 구체적으로 제시했다.

청중을 압도하지 마라

잡스의 프레젠테이션은 보통 1시간 반 정도로 길게 진행되었다. 그러나 말만 내도록 한 것이 아니라 중간중간에 단편 영상이나 고객 인터뷰를 집어넣었다. 또한, 프레젠테이션 시작에 앞서 오늘 이야기할 내용에 대해 정확히 설명해 어떤 내용이 나올지 사람들이 예상할 수 있도록 했다. 게다가 섹션의 시작과 마무리를 분명히 하여 명쾌한 진행이라는 호평을 받았다. 여느 기업인들처럼 복잡한 파이 차트 등을 사용하는 대신 몇 마디 간결한 문구를 더한 인상 깊은 이미지를 활용했다. 프레젠테이션 중 이따금 짧은 문구나 슬로건을 넣어 청중들이나 언론의 이목을 끌고, 기사 머리글이나 트위터 등 SNS에서 회자되기 쉽도록 했다.

놀라움을 안겨줘라

잡스는 상당히 극적인 연출을 즐겼고 제스처 사용도 풍부했다. 맥북 에어를 소개하는 현장에서 그는 서류 봉투에 제품을 집어넣어 얼마나 얇은지 청중들이 눈으로 확인토록 해 놀라움을 안겨 주었다. 자신만의 캐치프레이즈를 만들어 내기도 했는데, 콜롬보 형사 같은 '오, 이게 다가 아닙니다.'와 같은 표현을 즐겨 썼다. 뭔가를 팔려면 쇼맨십이 필요한 법이고, 화려한 제스처는 대중과 언론에 깊은 인상을 주어 자꾸 떠오르게끔 하는 역할을 한다.

연습만이 살길이다

뭔가를 능히 해내는 이들의 배후엔 피나는 연습이 있듯 잡스 역시 프레젠테이션을 앞두면 죽기 살기로 연습했기에 본 무대에 올라 마치 지금 떠올린 생각마냥 자연스러운 태도를 보일 수 있었다. 긴장을 잘하는 사람들에게 위안이 될지 모르겠지만 잡스도 중요한 연설을 앞두고 신경과민으로 엄청 고생하곤 했다. 들리는 바에 의하면 잡스는 프레젠테이션을 앞두면 이틀 내리 큰 소리로 연습하며 모든 세부 사항을 일일이 확인했다고 한다. 미국 소울 가수인 제임스 브라운 James Brown이 쇼 비즈니스의 연습 벌레라면, 잡스는 실리콘 밸리의 연습 벌레였다.

Episode 10 —————————————————————
스티브 잡스의 유니폼

잡스는 한때 제멋대로 자란 덥수룩한 장발에 찢어진 청바지를 입은 맨발의 히피 차림을 고수하다가 1970년대 말 처음으로 백만장자가 되면서 말쑥한 맞춤 정장에 기분이 좋으면 나비넥타이를 하고 나타나기도 했다. 그러나 이 극단적 패션은 어느 하나 끝까지 살아남지 못했다. 대신 오늘날 우리가 익히 알고 있는 그 차림, 잡스 특유의 검정색 터틀넥과 청바지, 뉴발란스 운동화 차림에 정착하게 되었다.

제품 출시 현장에서 그의 모습은 눈부시게 멋졌지만 사실 차림새는 멋과 거리가 멀었다. 아버지 옷장에서 꺼내 입은 옷 같았다. 그러나 잡스는 자신만의 스타일을 고수했고, 그가 세상을 떠난 후 잡스가 즐겨 입었다는 세인트 크로이 콜렉션St Croix Collections의 검정 터틀넥 매출이 단 며칠 혹은 몇 주 사이에 엄청나게 팔려 나갔다. 잡스는 한 벌에 175달러인 터틀넥을 매년 24벌씩 구매했다고 한다.

사실 그 차림새는 패션쇼에서 튀어나온 듯 멋스럽진 않지만 잡스나 애플과 참 잘 어울린다. 깔끔한 디자인에 묘하게 클래식하고 간결한 데다 실용적인, 애플이 지향하는 바로 그 가치들과 일맥상통한다.

옛날 사진을 찾아보면 알 수 있겠지만 한때 잡스가 프레젠테이션이나 회의에서 양복을 입었던 시절도 있었다. 그러나 1980년대 초 일본 소니 공장을 견학 간 잡스는 친구인 모리타 아키오의 회사 경영 방식을 볼 기회가 있었다. 소니 직원들이 유대감 형성을 위해 모두 똑같은 유니폼을 입고 있는 모습을 본 그는 깜짝

놀랐다. 신선하다고 생각한 잡스는 디자인에 기술을 반영하는 것으로 유명했던 일본 디자이너 이세이 미야케Issey Miyake를 찾아가 애플의 유니폼 제작을 부탁했다. 그 결과 탈착 가능한 소매가 달린 나일론 재킷이 완성되었으나 '민주적인' 애플 직원들은 복장의 자유를 요구하며 유니폼 착용을 결사반대해 유니폼 입히기 작전은 무산되었다.

그러나 잡스는 '그렇다면 나 혼자라도 입겠다.'라는 생각으로 똑똑해 보이면서도 실용적인 자신만의 유니폼을 탄생시켰다. 이세이 미야케는 잡스를 위해 터틀넥을 디자인했다. '잡스 패션'이 탄생한 순간이었다.

(마이크로소프트의) 성공이 마음에 들지 않는 것이 아니다. 이들이 삼류 제품을 만든다는 사실이 마음에 들지 않을 뿐이다.

I have no problem with [Microsoft's] success. I have a problem with the fact that they just make really third-rate products.

스티브 잡스 *Steve Jobs*

때려눕힐 적이 누구냐

&

30년 전에 처음 만난 우리는 인생의 절반이 넘는 시간 동안 동료이자 경쟁자로, 친구로 지냈다. 스티브는 그 누구와 견줄 수 없는 족적을 세상에 남겼고, 그의 업적은 다음 세대로, 또 그다음 세대로 계속 전파될 것이다.

— 빌 게이츠 Bill Gates

책 초반에서 우리는 잡스가 아웃사이더로서의 삶을 얼마나 즐겼는지에 대해 살펴보았다. 또한 자사 제품 사용자들에게 묘한 소속감을 심어주어 '우리애플파'와 '그들비애플파'을 구분 짓게 하는 애플의 면면도 살펴보았다. 이런 관계 설정은 '반대' 개념에 기인한다. '아웃사이더'가 있으면 '인사이더'가 있고, '우리'가 있으면 '그들'이 있다. 잡스는 우리가 타도해야 할 '대상', 주로 얼굴 없는 거인의 모습을 한 그 '대상'을 설정하는 데 상당히 미묘하고도 탁월한 재주를 보였다. 그 비법이 무엇일까?

애플 설립 초기엔 '대상' 설정이 쉬웠다. 패기 있고 똑똑한 친구 몇 명을 모아 자기 집 차고에서 시작한 피라미 같은 회사에 불과했기 때문이다. 이 단계에서는 IBM이 적절한 타도 '대상'이 되어 주었다. 이제 막 시작한 신생 기업으로서 IBM을 구식의 케케묵은, 굼뜬 노인네 같은 기업으로 묘사하기만 하면 되었기 때문이다. 이를 통해 'IBM은 미국 재계의 탄탄한 지원을 받는 기업이지만, 애플은 새로운 세계로 과감하게 뛰어들 창의적 사고를 하는 자들의 세상을 연다.'라는 메시지를 넌지시 전달하고자 했다.

애플의 이런 접근 방식은 1981년에 절정을 이뤘다. IBM이 첫 PC를 선보이자 애플은 <월스트리트저널>에 전면 광고를 내 "35년 컴퓨터 혁명이 시작된 이래 가장 신나고 중요한 시장으로 진입한 IBM을 진심으로 환영한다."라는 메시지를 게재한 것이다. 축하하는 척했지만 사실은 '이제야' 시장에 진입했냐고 조롱하는 것이었다.

이때쯤 애플은 더 이상 5년 전과 같은 자유로운 소기업이 아니었다. 성공한 기업의 보루와도 같은 <포춘>이 선정한 500대 기업에 이름이 오를 정도였다. 그럼에도 잡스의 '우리의 적은 IBM' 작전은 멈추지 않았다. 슈퍼볼 대회에 광고를 게재한 1984년 잡스는 심지어 IBM이 지구상에서 애플의 씨를 완전히 말려 버리려 한다고 주장했다. 꿈에서라면 몰라도 실상에서는 그다지 설득력 있는 주장은 아니었다. 그러나 어쨌든 '우리와 너네' 구도를 설정할 목적이었으니 실제로 설득력이 있는지 없는지는 그리 중요하지 않았다.

잡스는 애플, 아니면 자신의 매킨토시 개발팀만이라도 애초의 콘셉트를 유지하려 애썼다. '해군이 될 바에야 해적이 되겠다.'라는 무모한 도전 정신으로 무장한 개성 강한 무법자의 모습이 바로 그 콘셉트였다.

잡스가 IBM을 '주적'으로 설정해 그렇게 때려댄 것은 나름 일리가 있었다. 그도 그럴 것이 애플이 시장에서 아무리 성공을 거두고 뛰어난 매출을 올려도 IBM의 위상과 입지는 전혀 타격을 입지 않았고, 심지어 1980년 매출 실적에서는 IBM이 애플을 추월하기도 했다. 그러나 적이 IBM만 하나만 있었던 것은 아니었다. 당시 소프트웨어 시장을 점령하다시피 한 마이크로소프트 역시 잡스가 때려눕혀야 할 또 하나의 적이었다.

오늘날 이 세 기업 모두 명맥을 유지하고 있지만 그중 애플이 단연코 가장 큰 존재감을 자랑한다. 그럼에도 깃대를 세운 해적선 같은 이미지를 잃지 않기 위해 오늘도 애플은 꾸준히 노력하고 있다.

Episode 11 ──────────────────────────────────

잡스 VS 게이츠

친구를 가까이 두되 적은 더 가까이 두라는 말이 있다. 전설적인 마이크로소프트의 창업주 빌 게이츠와 잡스의 관계를 보면 참 재미있는 구석이 많다. 1970년대 중반 IT 업계에 뛰어든 두 사람은 피 튀기는 경쟁이 불가피한 적수였으며, 성격은 달라도 너무나 달랐다. 잡스는 마이크로소프트(이하 MS)라는 회사뿐만 아니라 빌 게이츠라는 개인에게도 공격을 퍼부었다. 가끔 원수지간을 방불케 했던 두 사람의 사이는 시간이 지나며 점차 완화되었고, 근래에는 서로에 대한 두터운 존경이 자리하고 있었다.

사실 '컴퓨터'에 대한 잡스와 게이츠의 시각은 달라도 너무 달랐다. 잡스는 컴퓨터를 사람들의 개성을 자유로이 해방시킬 수단으로 여겼던 반면, 게이츠에게 컴퓨터는 그저 상거래 수단이자 사업 도구였다. 그러나 두 사람은 서로 협력하면 더 큰 시너지 효과를 발생시킬 수 있다는 점을 깨달았다. 일례로 1982년 잡스는 IBM의 PC 운영체제 제조사인 MS에 맥 전용 스프레드시트와 데이터베이스, 그래픽 프로그램을 개발해 달라고 설득했다.

그러나 이듬해 두 사람 사이가 급속도로 악화되었다. MS 윈도우 출시가 임박하자 잡스는 MS가 맥의 그래픽 인터페이스를 도용했다고 주장했고, 게이츠는 이에 다음과 같이 응수했다. "우리 이웃에 제록스라는 잘사는 친구가 있었지요. 내가 제록스네 집에 TV를 훔치러 들어갔더니 이미 당신이 훔치고 간 이후더군요."

MS가 시장에서 엄청난 성공을 거둔 반면, 두 사람의 관계는 좀처럼 나아질 기미가 보이지 않았다. 잡스로서는 이런 상황이 상당히 짜증날 수밖에 없었는데, MS는 애플과의 협업이 그다지 절실하지 않았지만 애플은 엑셀, 워드 등 MS 소프트웨어가 필요한 상황이었기 때문이다. 이후 몇 년간 두 업체는 특허권을 놓고 법적 분쟁을 벌였다.

잡스는 게이츠에게 인신공격성 발언도 서슴지 않았다. 한번은 "게이츠가 어렸을 적 힌두교도들이 모여 사는 아쉬람ashram에 가서 황산 테러를 했더라면 지금보단 통이 컸을 것"이란 말을 하기도 했고, "그들 MS는 **취향이란 게 없다. 특정 맥락에서 하는 말이 아니라 전체적인 맥락을 말하는 것이다. MS에겐 독창적인 아이디어가 없고 제품이 자사만의 문화를 심지도 않는다.**"라고 혹평했다.

그러나 게이츠는 1997년 잡스가 다시 애플로 복귀하는 데 중요한 역할을 한다. 전성기를 구가하던 MS는 애플 주식 1억5천만 달러 치를 매입하고 맥 전용 프로그램 개발에 착수키로 한다. 잡스는 이에 '세상은 참 살 만한 곳'이라며 공공연히 고마움을 표하기도 했다. 그러나 게이츠가 그해 맥월드 컨벤션Macworld Convention에 모습을 드러내자 열성 '애플파' 사람들이 그에게 야유를 퍼붓기 시작했다. 은혜를 원수로 갚는 행위이기도 했고, 그간 잡스가 게이츠에게 품은 앙금이 드러나기도 한 이 일로 두 사람의 사이는 다시 이후 몇 년간 경색되었다.

그러나 시간이 지나자 두 사람은 서로의 업적을 보다 넓은 관점에서 받아들일 수 있게 되었다. 게이츠의 경우 비록 MS 소프트웨어 개발자로서 만큼은 아니지만 전 세계적 자선가로도 어느 정도 명망을 쌓게 되었다. 잡스와 게이츠의 대결은 결국 누구도 패자가 아닌, 모두가 승자인 대결이었다. 두 사람 다 1970년대 세계를 휩쓴 기술 혁신의 중심에 서 있었다. 또한, 두 사람 다 엄청난 부를 일궜고, 지구에 제대로 흔적을 남겼다. 2007년 〈월스트리트저널〉이 주최한 'D: All

Things Digital' 콘퍼런스에 참석한 두 사람은 서로를 한없이 존중하는 태도를 보였으며, 게이츠는 잡스에 대해 "잡스는 전에 없던 방식으로 일을 해냈다. 마법 같은 일이라 생각한다."라고 말했다. 잡스는 세상을 떠나기 얼마 전 게이츠의 저택을 방문해 IT 업계에 몸담으며 겪었던 모든 부침을 떠올리면서, 또 이런저런 아이디어를 나누며 몇 시간 동안이나 대화를 나눴다.

잡스가 사망한 후 게이츠는 "잡스와 함께 일할 수 있었던 행운을 누린 우리는 이를 무한한 영광이라 생각한다."라고 말했다.

두 사람의 경쟁 관계는 이들을 신지평으로 데려다주었고, 그렇게 열린 신지평은 인류의 삶을 한 단계 업그레이드시켰다.

PC 전쟁은 끝났다. 마이크로소프트의 승리는 오래전
이야기이다. 이제 또 다른 위대함을 만들어 낼 차례이다.

_____

The PC wars are over. Done. Microsoft won a long time ago⋯
Get busy on the next great thing.

스티브 잡스 *Steve Jobs*

유연하게 대처하라

스티브만이 할 수 있는 마법이라면 다른 사람들은 현재를 참 쉽게도 받아들이는 데 반해 그는 자신의 손을 거쳐 간 모든 것의 진정한 잠재력을 보고, 그 비전을 실현하는 과정에서 절대 타협하지 않았다는 점이다. 스티브는 우리 미래 세대에까지 고스란히 전해질 훌륭한 족적과 유산을 남겼다.

— 조지 루카스 George Lucas

잡스의 업적이 줄줄이 나열된 리스트를 보면, 이렇게 승승장구한 그도 기가 팍 죽을 만큼 심한 좌절의 시간을 보내곤 했다는 사실을 망각하기 쉽다. 그러나 잡스는 좌절이 닥칠 때마다 극복하고 일어나 다시 오뚝이처럼 섰으며, 놀라울 정도의 정신력을 보여 주었다.

1985년 애플에서 쫓겨난 사건은 그 무엇보다 쓰라린 경험이었다. 후에 잡스는 당시 경험에 대해 명치를 얻어맞고 맥이 탁 풀려 버린 느낌이었다고 회고했다. 그렇다고 넋 놓고 있을 잡스가 아니었다. "이게 다가 아니야."라고 생각한 그는 재빨리 털고 일어나 새로운 기회를 찾아 나섰다. 이런 오뚝이 정신은 그가 삶을 살아 나가는 원동력이 되어 주었다.

또 하나 기억해야 할 점은 그때 잡스의 나이 불과 서른 살이었다. 잡스는 당시 주변 사람들에게 "위대한 컴퓨터 하나 정도는 더 만들어 낼 수 있다."라고 말했는데, '하나 정도'라는 '웬일로 겸손한' 잡스의 모습을 언제 또 볼 수 있겠나 싶다.

자기 손으로 일군 애플에서 설 곳을 잃은 그는 즉시 'NeXT'라는 이름의 컴퓨터 회사를 설립했다. NeXT란 이름은 말 그대로 다음, 미래를 향해 나아간다는 뜻을 나타낸다. 잡스는 또한 영화 <스타워즈 Star Wars>를 연출해 컴퓨터계의 잡스만큼이나 영화계에 새 바람을 불러일으킨 조지 루카스George Lucas 감독이 소유한 루카스 필름의 그래픽 파트를 인수했는데, 이 업체가 바로 오늘날 픽사로 알려진 애니메이션 제작사의 모태가 되었다.

애플은 늘 합자회사 형태였던 반면 NeXT는 잡스만의 기업이었기에 이런저런 제약이 없었다. 회사가 하는 모든 것에 잡스가 관여할 수 있었다. 그는 우아한 정육면체 형태의 다목적 컴퓨터를 구상했지만, 이내 이런 고성능에 디자인도 빼어난 제품은 완성하는 데도 시간이 오래 걸릴뿐더러 가격도 만만치 않을 것임을 깨달았다. 한술 더 떠서 출시가 된다고 해도 팔릴 시장이 있을지 확실치 않았다.

1988년 NeXTcube가 세상에 나왔다. 출고 가격은 소비자 입장에서 꽤나 부담스러운 기본 6천5백 달러, 한화로 약 720만 원이었다. 사양을 추가할 경우 그에 따른 추가 비용이 발생했다. 잡스의 존재감과 빵빵한 자금력이 총동원되었지만 4년간 팔려 나간 NeXTcube의 수는 고작 5만 대, 실망스럽기 짝이 없는 성적이었다. 적자도 적자지만 그 누구도 NeXTcube를 통해 지난날 애플이 표방한 혁신을 느꼈다고 말하는 이가 없었다. 1993년 NeXT는 하드웨어 시장에서 전면 철수했고, 팀 버너스 리Tim Berners Lee가 월드와이드웹World Wide Web, WWW 환경을 개발하는 데 NeXT 제품을 사용했단 점이 그나마 위안이었다.

이제 소프트웨어에만 전념키로 했다. 잡스가 투자한 픽사도 맥을 못 추기는 마찬가지였다. 혁신적인 소프트웨어를 개발하려 고군분투하던 그는 모험성 전략을 택하기로 했다. 픽사를 안정성이 가장 떨어지는 '애니메이션 제작' 전문 기업으로 전향시킨 것이다. 그는 회사 문 닫을 각오로 무모한 도전을 감행했다. 회사로 유입된 투자 금액을 그대로 지키면서 픽사의 주식을 모조리 자신에게 달라는 요구를 한 것이다.

1993년 <월스트리트저널>에 잡스에 대한, 그가 겪은 '저 높은 곳에서 하루아침에 곤두박질친 경험'에 대한 기사가 게재되었다. 『톰 소여의 모험』을 쓴 작가 마크 트웨인Mark Twain이라면 모를까 당시만

해도 잡스의 사업 실패에 대한 보도가 너무 과장되었다고 생각하는 이는 없었다. 이 당시 잡스의 행보는 결코 순탄치 않았지만 자기 자리를 지키겠다는 그의 결의만큼은 매우 확고했다.

애플이 살아날 방법은 지금의 그 궁지를 벗어나 혁신
을 이뤄 내는 방법뿐이다.

The cure for Apple is to innovate its way out of its current
predicament.

스티브 잡스 *Steve Jobs*

역경을 장점으로 승화시켜라

고진감래라고, 과연 '고苦'를 상쇄시키고도 남을 '감甘'이었다.

— 스티브 잡스 Steve Jobs

　힘든 시기를 잘 이겨낸 잡스는 애플 초창기 때 맛본 성공은 저리 가라 할 정도로 차원이 다른 성공을 구가했다. 그럴 수 있었던 근본적인 이유 중 하나는 역경을 장점으로 승화시키는 그의 탁월한 능력 덕분이었다.

　애플에서 불명예스럽게 쫓겨나긴 했지만 이런 경험은 그를 정신적으로 단련시키는 데 상당히 고무적인 역할을 했다. 이는 NeXT를 경영해 봤기 때문이 아니고, 과감한 전략으로 픽사를 개혁한 경험 덕분도 아니며 평생의 배필을 만나서도 아니었다. 1997년 다시 애플로 돌아간 잡스는 확실히 전에 비해 훨씬 둥글둥글한 사람이 되어 있었다. 무엇이 그를 환골탈태하게 만든 것일까?

잡스하면 애플, 애플하면 잡스를 떠올리는 건 너무나도 자연스럽지만, 사실 잡스의 담력을 키워준 건 픽사에서의 경험이었다. 특히 픽사가 영화업계의 큰손 디즈니와 협업해 우리가 잘 아는 <토이 스토리> 영화 제작 프로젝트를 진행한 경험이 시사한 바가 컸다.

1995년 박스 오피스를 강타한 이 작품은 비평가와 일반 관객 모두의 호평을 받았고, 이 놀라운 결과에 잡스조차도 놀랐다. 이 경험을 통해 픽사는 파고들 만한 틈새시장을 찾아냈고, 이후 줄줄이 히트작을 탄생시켰다.

천상 사업가인 잡스는 <토이 스토리>가 대히트를 칠 것으로 예상되자 당시 장부상 적자가 몇 년째 계속되는 상황에서도 픽사 상장을 꾀하기 시작했다. 다소 경솔한 움직임인 감은 있었지만, 닷컴 버블이 막 태동하던 시기라 픽사와 같은 기술 업체 상장에 투자자들의 관심이 쏠려 있었다.

픽사가 상장되자마자 잡스가 보유한 주식의 가치가 폭등해 그는 하루아침에 억만장자가 되었다. 실제로 잡스가 세상을 떠날 무렵에 그의 픽사 지분 수입은 애플 지분 수입만큼이나 짭짤했다.

2006년 디즈니가 76억 달러에 픽사를 인수할 당시 잡스의 지분 가치는 30억 달러에 달해 디즈니 주주 중 1인으로서는 최대 지분 보유자가 되었다.

잡스는 애플에서 쫓겨났던 그해 컴퓨터 회사를 하나 차렸지만 본인이 만족할 만큼 세상을 놀라게 하지는 못했고, 이 못다 한 꿈은 애니메이션 회사를 통해 이루고자 했다. 좀 둘러 오긴 했지만 아직 '살아 있는' 잡스의 모습만은 여전했다.

반면 애플은 맥을 못 추며 주춤거리고 있었다. 마이크로소프트가 윈도95를 출시하며 전 미국 시장을 장악하고 나선 반면, 애플은 저 뒤에서 힘겹게 쫓아가는 형국이었다. 엎친 데 덮친 격으로 일부 기기의 배터리 결함으로 화재가 발생하는 일까지 벌어졌다.

애플은 비전을 갖고 사람들 앞에 나서 회사를 진두지휘할 지도자가 필요했다. 잡스가 제 손으로 들인 철천지원수 존 스컬리는 1993년부로 애플 CEO직을 사임했고, 잡스는 <포춘>과의 인터뷰를 통해 애플에 몸담은 사람 중 어느 한 명이라도 자기 말에 제대로 귀 기울여 준다면 그 회사를 살릴 방법이 있다고 말했다.

1996년 잡스에게 애플로 복귀해 달라는 요청이 들어왔고, 이는 정황상 그리 새삼스럽지도 않은 일이었다. 그러나 그는 아직 마음의 앙금이 완전히 가시지 않았다.

NeXT를 설립, 경영한 경험은 그의 이력서상 단연코 가장 빛나는 경력이었지만 그걸 그대로 내버려 둘 잡스가 아니었다. 마법 가루를 뿌려 그걸 바탕으로 새로운 걸 뽑아내야 잡스였다.

그는 애플에 시원하게 4억 달러, 한화로 약 4천3백억 원에 NeXT
를 인수하라고 설득했고, 이는 NeXT의 최대 매출보다도 8배나 높은
가격이었다. 인수 금액 중 3분의 1은 잡스 개인 자산이 되었다.

마침내 그는 그가 돌아가고자 했던 자리에, 그것도 전보다 더 많은
돈을 손에 쥔 채 되돌아왔다.

이 제품은 한물갔어! 전혀 매력이 느껴지지 않아!

_____

The products suck! There's no sex in them anymore!

스티브 잡스 *Steve Jobs*

언제 다음 단계로 나아가야 하는지를 파악하라

🍎

사람들은 인생의 목표를 설정하곤 한다. 스티브 잡스는 스스로 설정한 목표를 언제나 뛰어 넘었던 인물이었다.

– 스티브 워즈니악 Steve Wozniak

2006년 미국 MSNBC의 어느 방송에서 잡스는 다음과 같이 말했다. **"뭔가를 해서 제법 괜찮게 나오면 이것만 붙들고 있을 것이 아니라 또 다른 멋진 걸 할 생각을 해야 한다. 그다음에 뭘 할지를 생각해야 한다."** 자기 절제가 철저한 이들에게서 흔히 볼 수 있는 사고방식이다. 축구 감독 알렉스 퍼거슨Alex Ferguson이 그 좋은 예이다. 1986년 이래 수십 년간 같은 팀 감독을 맡으면서 한 번도 성공에 대한 열망을 놓쳐 본 적이 없었다. 그는 잉글랜드 축구 역사에서 가장 성공한 감독이며, 가장 부유하고 가장 많은 팬을 보유한 잉글랜드 맨체스터 유나이티드Manchester United 팀을 이끄는 수장이었다. 1999년 영국 월간 축구전문지 <포포투FourFourTwo>와의 인터뷰에서 그가 한 말을 들어보면 잡스도 충분히 동의했을 듯한 내용이 나온다. "우승 트로피를 손에 쥐는 건 내겐 의미가 없다. 물론 그 당시에는 더없이 소중하지만 경기가 끝나고 나면 언제 그랬냐는 듯 뇌리에서 사라진다. 금방 사라지지 않아도 언젠가는 사라진다. 중요한 건 다음 단계로 나아가는 것이며, 그건 곧 정신력을 말한다. 나는 선수들에게 우승하고 나면 곧 다음 단계로 나아갈 것을 주문한다."

일신우일신日新又日新 정신은 잡스가 가장 좋아한 음악인 밥 딜런의 곡 <It's Alright, Ma(I'm Only Bleeding)>에도 잘 드러나 있다. '바삐 태어나지 않은 자, 이 세상을 바삐 떠나리라.' 업계에서 도태되지 않기 위해 잡스는 아니다 싶은 사업은 재빨리 접고 다시 시작하는 데 도가 텄다. 그에게 위대한 일이란 곧 자신이 하는 바를 끊임없이 되돌아보고 바로잡는 일이었으며, 필요한 경우 잔인하다 싶을 정도로 과감하게 정리했다. 잡스는 이에 대해 이렇게 말했다. **"내가 여태까지 해 본 것만큼이나 하지 않은 것도 많다는 점에 뿌듯하다. 혁신을 위해서라면 단 하나를 위해 수천 가지를 제쳐 둘 수 있어야 한다."**

잡스의 '기본으로 돌아가자' 정신이 잘 드러난 건 그가 다시 애플로 돌아와 1996~1997년 당시 CEO 대행이었던 길 아멜리오Gil Amelio의 자문 역할을 할 때였다. 아멜리오가 CEO 대행이었던 덕에 잡스가 스스로의 CEO 자질을 탐색해 볼 기회가 많았다. 잡스는 가장 먼저 임원진을 모두 모아 어디서부터 잘못되었는지 파악하는 작업에 들어 갔다. 결론은 간단했다. 한때 애플의 성공을 담보했던 효자 상품들이 더 이상 빛을 발하지 못하고 있었기 때문이었다. 잡스는 이들 제품은 '한물갔다'며 인정사정없이 혹평했다. 그는 지난 몇 주간 애플 제품 하나하나를 자세히 살펴보며 살 만한지, 왜 사야 하는지를 파악하려 했으나 그럴 수 없었다며, 자신이 납득하지 못하는 제품을 소비자들이라고 만족스러워 하겠냐는 설명을 더했다.

그는 즉시 팀 개편에 착수해 감원을 실시했다. 그다음 애플의 프린터 사업을 정리했으며, 뉴턴 휴대용 단말기를 비롯해 몇 가지 제품을 단종시켰다. 애플은 과거처럼 소수 주력 상품에 집중해야 할 시기였고, 위대한 하나를 위해 자잘한 수천 가지 아이디어를 과감히 포기할 수 있어야 했다. 그렇게 해서 애플은 다시 사무용 및 일반용 데스크탑 및 노트북 생산 주력 체제로 전환했다.

잡스가 자신이 쥔 마법의 빗자루를 이렇게나 과감하게 휘둘러댔다는 데 놀라는 사람은 아무도 없었다. 1985년 초 그는 <플레이보이 Playboy>와의 인터뷰에서 이렇게 말했다. **"창의적으로 살아가기 위해서는 내가 저지른 일이 무엇이든, 과거에 어떤 모습이었든 받아들일 수 있어야 하며, 이를 과감히 던져 버릴 준비도 되어 있어야 한다."**

우리는 언제나 '이젠 뭘 할까'를 생각한다.

_____

For us, it's always the next dream.

스티브 잡스 *Steve Jobs*

현재를 뛰어넘어라

당신의 가슴이 원하는 대로 하지 않을 이유가 없다. 항상 만족하지 말고 우직하게 일하라.

– 스티브 잡스 Steve Jobs

끊임없이 새로운 것을 찾아 나서는 잡스의 면모는 트렌드를 간파할 줄 알 뿐만 아니라 만들어 낼 줄도 아는 그의 놀라운 능력과 일맥상통한다. 2007년 그는 'All Things Digital' 콘퍼런스에 참석한 이들에게 이렇게 말했다. "어제 일을 걱정하는 대신 내일을 만들어 나갑시다."

끊임없이 움직여라

창의성을 유지하되 기업인으로서 꾸준한 수익을 창출해야 했던 잡스에게 안주하려는 자세는 언제나 경계의 대상이었다. 한번은 마이크

181

로소프트와 **IBM**이 들으라는 듯 애플이 어떻게 이들을 추월했는지에 대해 설명한 적이 있다. 잡스가 말하길, 이들 업체는 처음엔 혁신의 힘으로 시작하고 성장하며 그렇게 시장을 장악해 나갔다. 그런데 어느 정도 시장 점유가 이뤄지면 이제 품질보다 수익을 우선시한다. 회사 임원진도 영업 및 매출 전문 인력으로 하나둘씩 채워지게 되는데, 이들의 관심사는 오로지 단기간에 수익을 거둬들이는 것뿐이다. 그로 인해 디자이너, 엔지니어 및 아이디어를 가진 이들은 뒷전으로 밀려난다.

경쟁업체를 예의 주시하라

2000년 초 애플에겐 새로운 에너지원이 필요했다. 파워맥 G4큐브 판매가 영 시원치 않았던 데다 아이맥은 점점 신선함을 잃어갔다. '우주에 흔적을 남기는 기업'으로써의 명망을 재입증할 신제품이 절실한 상태였다.

동트기 전 새벽이 가장 어둡다고, 잡스의 '유레카' 제품이 탄생하기 바로 직전이었다. 당시 기술 분야의 가장 큰 이슈는 불법 다운로드 파일이나 제품을 무단 배포하는 파일 공유 사이트가 우후죽순처럼 생겨나는 상황이었고, 잡스도 이에 대해 익히 알고 있었다. 제조

업체들은 근사한 CD나 DVD 소프트웨어를 하드웨어와 함께 제공하는 방식으로 대처해 나갔으며, 소니의 디지털 워크맨을 필두로 다양한 MP3 플레이어도 속속 출시되었다. 그러나 시장의 상황을 자세히 들여다본 잡스는 이런 방법으로는 변화하는 시대에 발맞춰 나갈 수 없겠다는 판단에 이르렀다.

애플이 다각화를 시도해야 하는 시점이었다. 잡스는 우선 1980~1990년대를 휩쓴 워크맨이나 디스크맨Discmans과 같이 휴대용 음악 시장을 장악할 최신 기술이 탑재된 디지털 음향기기 개발의 필요성을 절감했다. 기술은 이미 개발되어 있었고, 잡스는 여기에 탁월한 디자인을 더해 소비자들이 기존의 mp3 플레이어로는 불가능한 최대한의 만족감을 느낄 수 있는 제품을 만들고자 했다. 이미 있는 것을 바탕으로 이를 확장시키고 발전시켜 더 나은, 더 효과적인, 더 아름다운 제품을 탄생시키고자 한 것이다. 2010년 아이폰4.0을 출시하며 잡스는 이렇게 말했다. **"비록 이 분야에 뛰어든 최초는 아니지만 최고가 될 것이다."** 10년 전, 아이팟을 처음 세상에 내놓을 때 했던 말과 토씨 하나 틀리지 않다. 이는 발명하는 사람보다 개선하는 사람이라고 스스로를 칭한 스티브 잡스만의 방식인 셈이다. 실제로 그는 **"우리는 위대한 아이디어를 도용하는 데 한 점 부끄러움이 없다."**라고 말하기도 했다. 아이팟도 그렇게 태어났다.

시장 내 틈새를 찾아라

앞서 '애플 아이팟 디자인은 어떻게 탄생했나?'에서도 살펴보았듯 아이팟은 나온 순간 즉시 스타일 아이콘으로 자리를 잡았다. 그러나 매출도 그에 부응했던 건 아니었다.

2001년 막 출시되었을 당시 곡을 넣는 방법은 딱 두 가지뿐이었다. 사용자가 갖고 있는 CD를 mp3로 변환하거나 불법 다운로드 사이트를 이용하거나. 변화가 불가피했던 당시 음반 시장을 보며 잡스는 또 하나의 위대한 아이디어를 떠올렸다. 그는 주요 음반 제작사를 찾아가 애플이 당시 온라인으로 운영 중이던 아이튠즈 쥬크박스 기술을 사용해 소액을 지불하고 음악을 들을 수 있게 해 달라고 요청한 것이다.

비틀즈를 비롯해 AC/DC 등 굵직한 뮤지션들은 이에 반대 입장을 표했지만 서비스가 출시되자 단 몇 주 만에 백만 개가 넘는 음원이 팔려 나갔다. 2년이 지나자 판매 음원 수는 10억 개를 돌파했다. 음원 서비스는 말 그대로 음반 산업의 '생명줄'과 같았다. 잡스의 애플은 또 한 차례 대성공을 기록했다.

잡스가 서른 살 때 "위대한 컴퓨터 하나 정도는 더 만들어 낼 수 있다."라고 말한 적 있었다. 이제 40대 중반에 접어든 잡스에겐 아이맥과 더불어 아이팟이라는 훈장이 하나 더 붙었다. 불과 몇 년 전만해도 이제 가망이 없다고 여겨졌던 애플은 이제 대적할 자 없는 위치에 다시 섰다. 잡스의 영감에서 촉발된 두 번째 광풍은 좀처럼 그칠 줄 몰랐다. 다양한 기능이 담긴 아이폰은 갖가지 전자기기의 홍수에 떠밀려 내려갈 뻔한 이들을 구제해 주었으며, 특히나 아이폰에 탑재된 터치스크린 기술은 마치 공상과학 같은 신기함을 안겨 주었다. 잡스는 **"사람들이 이를 컴퓨터라 생각지 않았으면 한다. 업그레이드된 전화기라고 생각하면 좋겠다."**라고 말했다. 그는 에디슨을 뛰어넘는 또 하나의 에디슨이었던 셈이다.

역시나 2010년 터치스크린 기술이 탑재된 태블릿 PC인 아이패드가 출시되자 사람들은 처음엔 놀랐지만 이내 이에 푹 빠져 아이패드로 게임도 하고 음악도 듣고, 인터넷 검색도 하고 책도 보는 등 다양한 활동을 즐겼다. 이제 좀 여유롭게 일을 줄이며 쉬엄쉬엄할 나이였지만 잡스는 오히려 그 반대였다. 애플은 더 이상 단순히 잘나가는 컴퓨터 제조사가 아니었다. 전 세계 기술 분야를 주도하는 거물로 자리 잡았다.

Episode 12 ─────────────────────────────

스티브 잡스의 아이팟에는 어떤 곡들이 들어있나?

한 사람의 음악 취향이 타인과 맺는 관계에 미치는 영향이 얼마나 될까? 음반 이 출시되기 시작한 이래 우리는 그 사람이 어떤 음악을 듣는지를 보고 그 사람 의 취향을 가늠해 왔다. 아이팟의 등장은 타인의 취향을 파악하는 과정을 한층 간소화시켰다. 잡스의 아이팟엔 과연 어떤 음악이 들어 있을까?

1960년대는 미국 서부를 휩쓴 반문화 운동과 히피 정신이 잔뜩 배어있는 곡 들이 대다수였지만 그 외에도 U2나 그린 데이Green Day와 같은 락 그룹이나 모 비Moby, 씰Seal 등 대중 가수의 곡들도 좋아했다.

비틀즈와 롤링 스톤즈Rolling Stones 음악들도 꽤나 많았으며, 특히 잡스는 비 틀즈 음악을 좋아했다고 한다. 1980년대 초 잡스와 잠시 만나기도 했던 조안 바 에즈Joan Baez의 음악도 있었다.

그러나 그의 아이팟에 압도적으로 가장 많았던 곡은 역시 잡스가 언제나 사랑 해 마지않았던 밥 딜런의 곡이었으며, 앨범 15개 분량의 곡이 들어가 있었다고 한다. 잡스는 자신의 자서전 집필을 담당한 월터 아이작슨에게 그중에서도 〈One Too Many Mornings〉를 가장 좋아한다고 말했다.

잡스는 클래식 음악도 즐겨 들었다. 특히 젊은 날 방황하던 시절에 즐겨 들었 던 바흐의 〈골드베르크 변주곡〉을 아꼈다. 또한 첼리스트 요요 마Yo-Yo Ma를 대 단히 높이 샀는데, 어느 날 요요 마의 공연을 보고 신의 존재를 느꼈다고 말할 정 도였다.

그 외에 잡스가 즐겨 들은 여러 음악가들을 살펴보자면, 텐 사우전드 매니악스10,000 Maniacs, 블랙 아이드 피스Black Eyed Peads, 조니 캐시Jonny Cash, 도노번Donovan, 더도어스The Doors, 아레사 프랭클린Aretha Franklin, 그레이트풀 데드Grateful Dead, 지미 헨드릭스Jimi Hendrix, 버디 홀리Buddy Holly, 제퍼슨 에어플레인Jefferson Airplane, 재니스 조플린Janis Joplin, BB 킹BB King, 존 매이어John Mayer, 돈 맥클린Don McLean, 조니 미첼Joni Mitchell, 더 몽키스The Monkees, 사이먼 앤 가펑클Simon and Garfunkel, 토킹 헤즈Talking Heads 등이 있다.

Down the street the dogs are barkin'
And the day is a-gettin' dark.

개들이 짖어대는 그 길가에
가라앉아 밀려오는 밤처럼

As the night comes in a-fallin',
The dogs'll lose their bark.

날은 어두워지고 있다
개들은 짖는 것을 포기할 것이고

An' the silent night will shatter
From the sounds inside my mind,

고요한 밤은 나의 내면의 소리로
산산이 부서질 것이다

For I'm one too many mornings
And a thousand miles behind.

왜냐면 내게는 천 마일쯤 밀려 있는
주체 못할 수많은 아침이 있지

－<One Too Many Mornings> 중에서

시스템이 없는 게 곧 시스템이다.

_____

The system is that there is no system.

스티브 잡스 *Steve Jobs*

창의적인 아이디어가 자라날 공간을 만들어라

스티브 잡스는 토마스 에디슨 이후 가장 위대한 발명가였다. 그는 우리 손가락 끝에 세상을
올려놓았다.

― 스티븐 스필버그 Steven Spielberg

애플을 잠시 떠났다가 다시 돌아온 잡스는 전보다 훨씬 발전된, 현명한 리더의 모습을 보였다. NeXT를 설립하고 경영한 경험도 경험이지만, 픽사를 인수하고 키워낸 경험이 이에 지대한 영향을 미쳤다. 컴퓨터 애니메이션은 자신의 주 종목이 아니었음에도, 잡스는 픽사에서의 경험을 통해 탁월한 재능을 가진 사람들에게 크게 간섭하지 않고 기대며 이들을 관리하는 방법을 터득했다. 즉 원하는 결과를 내기 위해 나와 함께하는 이들을 신뢰할 수 있는 자신의 능력에 눈을 뜬 것이다.

또한, 가끔 성마른 기질이 나오는 건 어쩔 수 없었지만 일적으로 만나는 사람들을 대하는 그의 태도 역시 한층 성숙된 모습을 보였다.

애플에 다시 복귀한 후 대대적인 인원 감축을 진행하던 잡스는 5년 전 픽사에서 유사한 상황에 처했을 때보다 훨씬 솜씨 좋게 상황을 처리하면서도 해고 대상이 된 직원들에게 안타까움을 표했다.

잡스는 늘 일은 협업으로 이뤄진다고 생각했으며, 그렇기에 기대 치만큼을 해낸 직원들에겐 그 노고를 크게 치하했다. 맥 프로젝트를 진행하면서 그는 이 프로젝트를 움직이는 진정한 동력은 자신이 손수 뽑은 기술자들 및 디자이너란 사실을 간파했다. 자신이 할 일은 이들을 위한 공간을 만들어 주고 사회생활이 요구하는 자잘한 부담으로부터 이들을 보호해 주어 창의성을 발휘하는 데만 오롯이 집중할 수 있도록 하는 것이라 생각했다.

대신 그는 직원들에게 우리 프로젝트는 혼자서 해낼 수 없는 일임을 인식하고 팀원으로서 각자 맡은 바 최선을 다할 것을 주문했다. 그는 협업의 좋은 예로 비틀즈를 꼽았다. 네 멤버가 서로의 단점을 보완하며 각자 맡은 바에 최선을 다했기에 그렇게나 위대한 음악이 탄생할 수 있었다는 게 잡스의 생각이었다. 잡스는 비틀즈의 이런 협업 정신을 애플에 심고자 했다.

애플 사옥 이야기

잡스는 누구나 그렇게 생각하듯 엄청난 시간과 에너지를 들여 최고의 인재를 채용해 이들을 한데 모아 '이기는 팀'을 만들고자 하면서 정작 이들이 제대로 역량을 발휘할 수 있는 완벽한 물리적 환경을 구축하지 않는 건 어불성설이라고 생각했다. 애플 초기에도 잡스는 지금 사정이 허락하는 한 전문성과 창의성을 발휘하는 데 전혀 지장이 없는 업무 공간을 만드는 데 심혈을 기울였다.

1993년 이래로 애플 본사는 '애플 캠퍼스the Apple Campus'란 이름으로 미국 캘리포니아 주 쿠퍼티노의 1 인피니트 루프에 쭉 위치해 있다. 애플과 쿠퍼티노의 역사는 1970년대 말까지 거슬러 올라간다.

소브라토 개발Sobrato Development Company이 시공한 애플 캠퍼스 부지 규모는 약 2만4천 평에 달하며, 쿠퍼티노 시내에는 이외에도 애플 사옥이 몇 군데 더 있다. 풍부한 녹지를 갖춘 애플 캠퍼스는 말 그대로 회사라기보다는 대학교 캠퍼스 같은 느낌을 주며, 경계를 넘나들며 창의적 아이디어를 마음껏 풀 수 있는 최적의 공간이다.

그러나 잡스가 애플로 복귀한 후 엄청난 성장을 거듭해 현재 사옥으로는 모든 직원이 이용할 공간을 감당하기 벅찬 상황에 이르자 그는 2006년 4월 쿠퍼티노에 건립할 애플 캠퍼스 2 프로젝트를 발표했다.

독일 베를린에 위치한 의회 의사당과 런던 밀레니엄 브리지, 베이징 국제 공항 등 굵직한 건설 프로젝트를 수행한 영국의 저명한 건축설계회사 포스터앤드파트너Norman Foster+Partners사가 신사옥 설계를 맡았으며, 이를 통해 직원 1만3천여 명을 수용할 수 있는 데다 친환경적 측면도 빠뜨리지 않은 우주선 같이 생긴 유리+철강 구조의 4층 원형 건물 설계가 탄생했다.

신사옥에는 사무 공간과 연구개발센터를 비롯해 녹지와 1천 석 규모의 극장, 체육 시설, 자체 발전소를 비롯해 애플이란 이름의 고향 격인 과수원도 갖춰져 있다. 잡스에게 신사옥은 '세계 최고의 사무실'인 셈이다.

거의 5억 달러, 한화로 약 5천5백억 원이나 투입된 이 프로젝트를 서두를 이유는 전혀 없었지만 안타깝게도 잡스가 세상을 떠날 무렵까지도 착공되지 않은 상태였다. 2016년 전에 시작되기는 어려워 보인다. 그러나 신사옥은 잡스가 생각하는 회사란 어떤 것인지를 드러내 주는 기념비와 같은, 역할을 할 것이다.

우리가 위대한 제품을 고객들 앞에 꾸준히 선보인다면
고객들은 기꺼이 지갑을 열 것이다.

Our belief was that if we kept putting great products in front of
customers, they would continue to open their wallets.

스티브 잡스 *Steve Jobs*

고객을 파악하라
너무 많이는 말고

소비자가 무엇을 원하는지 물어본 후 그 원하는 바를 고스란히 이뤄줄 순 없다. 시간이 지나면 소비자가 원하는 바는 또 바뀌게 마련이다.

– 스티브 잡스 Steve Jobs

본능을 믿되 …

'고객이 왕'이라는 말이 있지만 애플 고객을 대하는 스티브 잡스의 태도는 참 복잡미묘했다. 잡스는 소비자들의 기대치를 훨씬 넘어서는, 이런 제품이 있을 수 있다고 상상조차 하기 힘든 획기적인 제품을 만드는 데 일생을 바쳤으면서도 또 다른 한편으로는 언제나 무엇이 가능한지, 무엇을 이뤄 낼 수 있는지 고객들보다 한발 앞서 파악하는 게 자신의 의무라 생각했다. 그래서인지 고객과의 직접적인 만남을 갖는 법이 없었다.

이런 잡스의 모습은 폴라로이드 카메라를 개발한 랜드 박사의 생
각과 참 많이 닮아 있는데, 1945년 랜드 박사가 쓴 글을 한번 살펴보
자. "소비자가 만족할 만한 품질을 측정할 수 있는 척도는 매출 담당
자의 직관도 아니고 대중의 최초 반응도 아니다. 만들어서 시장에 내
놓은 후 반응을 살펴보고 이렇게 할 만큼의 가치가 있는지 판단하는
것이 가장 좋은 방법이다."

잡스가 가장 신뢰했던 시장 조사는 제품이 출시된 후 매출이 얼마
만큼 발생하는가를 따져 보는 것이었다. 시장의 반응이 신통치 않으
면 제품에 뭔가 문제가 있다는 뜻이고, 개선할 부분이 있다는 뜻이었
다. 같은 맥락으로 그는 사용자들이 언급하는 특정한 문제점을 짚어
나가는 방식으로 품질을 개선했다. 일례로 맥을 사용할 때 어도비
Adobe 플래시가 가동되면 다운되는 현상을 보이자 어도비와의 오랜
인연에도 아랑곳없이 즉시 제품에서 플래시를 제거해 버렸다.

잡스는 포커스 그룹[6]의 의견에 맞춘 제품 제작에 상당한 회의를
드러냈다. "대중문화를 얕보는 것이 아니고, 사람들을 바보 취급하자는
것도 아니다. 사람들이 원치 않는 걸 사라고 강요하는 것은 더더욱 아니
다. 우리가 원하는 걸 만들어야 한다. 우리는 스스로가 원하는 걸 다수

---

6 시장 조사를 목적으로 한 심층 면접의 대상이 되는 소비자 집단

의 사람들도 원할지를 판단하는 데 제법 잔뼈가 굵은 사람들이다. 우리가 월급 받고 하는 일이 바로 그 일이다."

잡스에게 제품 구상은 그 제품이 최종 소비자의 손에 들어간 순간부터 역으로 진행된다. 우리 제품을 사용하는 소비자의 소감이 어떨지를 그려 보는 건 소비자가 할 일이 아니라 위대한 상상력을 가진 위대한 디자이너가 할 일이다.

··· 고객을 존중하라

물론 애플이 언제나 '고객 존중'이란 전략을 제대로 수행해 낸 건 아니었다. 맥이나 아이팟 같은 히트 상품보다 리사와 큐브 같은 실패작이 더 우리 뇌리에 강하게 박혀 있는 이유이기도 하다. 또한, 고객을 존중하지 않는 듯한 애플의 모습은 가끔 팬들의 빈축을 사기도 했다. 잡스는 자신이 고객의 의견을 충분히 귀담아듣지 않는다는 사람들의 비난을 익히 알고 있었고, 그런 비난도 어느 정도 일리가 있다고 생각했다. 2010년 출시된 아이폰4가 특정 방향으로 쥐면 통화가 끊기는 결함을 보이자 당시 건강 악화로 고전 중이었던 잡스는 이에 대해 말도 안 된다며, 그럼 그런 방식으로 기기를 쥐지 않으면

되지 않냐고 톡 쏘아붙였다. 순간 버럭 해서 나온 말이겠지만 그럼에도 '고객이 왕'이라는 생각은 별로 하지 않는 듯한 잡스의 모습을 잘 드러내 주지 않나 싶다.

그러나 오늘날까지도 그렇게나 많은 사람이 스티브 잡스는 언제나 옳았다고 생각하는 걸 보면 제품 개발 단계에서 구매자의 의견을 적극적으로 반영하는 태도가 반드시 기업이나 소비자에게 득이 된다고 보기도 어려운 듯하다. 또한 포커스 그룹이 아이팟이나 아이폰 같은 위대한 혁신 제품을 만들어 낼 수 있을 거라 상상하기도 어렵긴 매한가지며, 혁신은커녕 진부하지 않으면 다행일 터였다. 잡스가 자신의 신념을 대쪽같이 밀어붙이며 소비자들과 타협하지 않았기에 망정이었다. 한번은 잡스가 기자에게 이런 질문을 던졌다고 한다. **"알렉산더 그레이엄 벨이 전화기를 발명하기 전에 시장 조사를 했던가요?"**

우리는 언제나 우리가 진입할 만한 새로운 시장에 대
해 생각한다.

_____

We're always thinking about new markets we could enter.

스티브 잡스 *Steve Jobs*

시장을 재편하라

애플 스토어에는 제품을 가지고 어떻게 노는지 알려 주는 공간이 절반 이상이다. 앞으로 사람들은 컴퓨터를 사는 것에 관심을 두기보다 어떻게 가지고 노느냐에 더 관심을 둘 것이기 때문이다.

— 스티브 잡스 Steve Jobs

대중에게 선보일 수 있는 기술 혁신에 썩 만족하지 않았던 잡스는 제품 판매 방식도 확 바꿔 놓고자 했다. 상점은 그냥 상점일 뿐이지 않은가? 그러나 잡스에겐 아니었다.

1970년대 괴짜 기술 엔지니어로 시작해 21세기에 이르러 전 세계적 유명 인사가 된, 기술과 우리 관계의 근본적 성격을 바꿔놓고자 했던 잡스의 외길 인생을 상징적으로 나타내는 것이 바로 애플 스토어Apple Store이다.

애플로 다시 돌아와 본격적으로 회사를 이끌기 시작한 잡스는 제품을 대중에게 판매하는 과정에 맞닥뜨린 갖가지 물리적 난제에 점점 더 난감함을 느끼기 시작했다. 기존의 전자기기 판매업체들은 애플 제품이 가진 최적의 장점을 드러낼 여건을 충분히 갖추고 있지 않았다. 잡스는 타제품에겐 없는 자사 제품만의 특징을 잘만 드러내면 소비자들은 충분히 웃돈을 주고서라도 구매할 것이란 믿음을 갖고 있었지만, 도시든 외곽이든 이 정도 소비자 서비스를 제공할 만한 수준의 상점은 없었다. 대부분이 창고형 상점들이었는데, 제품들이 가격표가 눈에 띄게 붙어 있는 상자에 담겨 차곡차곡 쌓여 있는 식이었다.

이걸 어떻게 좀 하고 싶었던 잡스는 우선 미국의 유명 소매업체인 콤프USACompUSA에 접촉해 각 콤프USA 매장 내 15%의 공간을 맥을 비롯한 애플 제품에만 할당하는 계약을 체결했다. 또한, 애플 직원을 상주시켜 소비자들에게 맥이 어떻게 구동되는지 시연할 수 있도록 했다. 이 실험의 결과는 '제한적 성공'에 그쳤고, 매출 면에서는 전혀 나아진 게 없었다. 2000년 잡스는 미국 소매체인점인 타깃Target을 전국적 유통업체로 성장시킨 론 존슨Ron Johnson을 영입해 디자이너 및 소매 전문가로 팀을 꾸릴 수 있는 전권을 주며 애플 고객들에게 새로운 경험을 심어 줄 수 있는 공간 만들기에 착수했다.

저명한 건축설계 사무소가 총동원되어 마침내 애플만의 공간, '애플 스토어'가 탄생했다. 기존의 창고형 전자제품 매장과는 차원이 다른 공간이었다. 애플 스토어 1호점과 2호점은 각각 버지니아 주 타이슨스 코너Tysons Corner와 캘리포니아 주 글렌데일Glendale에 문을 열었다. 너저분하게 제품을 쌓아놓는 선반은 일절 설치하지 않고 일본산 철제 프레임을 단 유리 계단에 값비싼 견목재 바닥, 최신 조명으로 장식했다. 매끈한 목재 테이블 위에는 제품들이 기능에 따라 음악, 사진, 비디오 편집 및 게임 등으로 나뉘어 전시되었다.

여기에 '지니어스 바the Genius Bar'라는, 애플 제품을 구매한 고객들이 제품 점검을 받을 수 있는 혹은 그냥 컴퓨터 전문가들끼리 수다 떨 수 있는 별도의 공간을 마련했다.

이후 생긴 애플 스토어 중에는 행사용 극장이나 교육 및 워크샵용 스튜디오가 마련된 곳도 있다. 또한 고객이 구매 의사를 밝히면 기존처럼 계산대에 가서 줄을 서게끔 하지 않고 직원이 직접 결제 단말기를 들고 와 고객의 편의를 도왔다.

애플 스토어 중 단연코 눈에 띄는 곳이라면 2006년에 문을 연 미국 뉴욕 5번가 지점이다. 애플 신제품이 출시되면 가장 처음 써 보는 영광을 누리기 위해 밤샘 기다림도 마다치 않는 팬들은 2006년 뉴욕 스토어 오픈 전날 밤에도 가장 처음으로 상점에 발을 디뎌 보기 위해 밤새 기다렸다. 이들은 애플 스토어에 매우 만족했다. 현재 뉴욕 애플 스토어의 평당 매출 가치는 인근 삭스Saks 백화점 대비 10배나 높다. 애플은 현재 전 세계 400여 지점을 보유하고 있으며, 대부분의 도시에서 애플 스토어는 관광지 같은 역할을 한다. 창업주 잡스가 그렇게나 추구한 간결하고 우아한 디자인과 뛰어난 기능의 정신이 여기에도 고스란히 반영되어 있다. 잡스는 상점주로서도 우주에 흔적을 제대로 남긴 셈이다.

Episode 14 ———————————————————————————————

잡스와 특허

　잡스가 세상을 떠날 무렵 미국 특허청USPTO에 그의 이름으로 등록된 특허 개수는 300개 이상이었다. 그중에는 개인 특허도 있고 회사 차원의 특허도 있다. 컴퓨터와 아이팟부터 시작해 제품 포장 용기와 전선까지 그 종류도 다양하다. 심지어 애플 스토어 내에 설치된 유리 계단의 디자인 특허도 두 가지나 보유하고 있다. 그중에서도 단연코 가장 중요한 특허라면 역시 워즈로부터 홀로서기 한 잡스의 시대를 연 작품, 특허번호 D285.687의 매킨토시 컴퓨터이다.

　그가 특허 출원에 유별나게 신경 썼던 걸 보면 자신의 지식재산권 보호가 얼마나 중요한지를 충분히 인지하고 있었음을 알 수 있다. "좋은 아이디어는 복제하고 위대한 아이디어는 도용한다."라는 피카소의 말을 종종 인용하며 타인의 아이디어를 가져다 쓰는 데 별 거리낌이 없었던 그였지만, 나 몰래 딴 사람이 내 것으로 이익을 취하는 걸 가만히 보고 있을 수 없는 그이기도 했다. 살아생전 수차례 특허 분쟁에 휘말렸던 것도 바로 이런 이유에서일 터였다. 실제로 아이폰에 터치스크린 기술을 적용시킨 소위 '잡스 특허'의 정당성을 놓고 현재 미국 특허청의 재조사가 이뤄지고 있다.

　잡스의 모든 특허가 질적으로도 다 우수하다고 보긴 어렵다. 맥의 경우 '아이맥 펙iMac puck'이라 불리는 마우스가 포함되어 있는데, 이 마우스는 하키 펙[7]처

———————————————————————————————

7 아이스하키에서 공처럼 치는 고무 원반

럼 생긴 데다 사용이 불편해 실제로 출시되지도 못했다. 그러나 어떤 아이디어가 실제 시장성이 있는지, 돈이 되는지를 따지고 있다간 지식재산권은 다 빼앗기고 만다. 지식재산권은 머리에서 나온 '아이디어를 보호하는' 차원이다. 보호된 아이디어를 바탕으로 이익 행위를 해 시장에서 우위를 점하는 것이다. 실패가 대수인가. 히트 상품 한두 개만 있으면 실패는 금세 잊히고 만다.

우리 가족은 원하는 세탁기가 무엇인지를 얘기하면서 시간을 보낸 적도 있다. 디자인에 대한 많은 이야기를 했지만 가족들이 중요하게 생각하는 것들도 고려해야 했다. 우리는 2주 동안 저녁마다 식탁에 앉아 이것을 주제로 대화했다.

We spent some time in our family talking about what's the trade-off we want to make. We ended up talking a lot about design, but also about the values of our family. We spent about two weeks talking about this every night at the dinner table.

스티브 잡스 *Steve Jobs*

일과 삶의 균형을 맞춰라

난 이 돈이란 게 참 우습다고 생각한다. 내겐 그다지 통찰력 있거나 가치 있는 존재가 아니
었기 때문이다.

― 스티브 잡스 Steve Jobs

잡스는 일적인 부분에선 대단한 성공을 거둔 사람이지만 그의 개
인사를 살펴보면 참 굴곡이 많았다. 잡스가 어떤 사람이었는지에 대
한 연구 자료를 보면 그가 자신의 선택이 주변 사람들에게 어떤 영향
을 미칠지, 좋을지 나쁠지에 대해 별로 개의치 않았음을 알 수 있다.

일을 통해 드러나는 그의 투박하고 거친 모습은 사생활이라고 다
를 바 없었지만, 특히 어린 시절에는 더 심했다. 잡스 역시도 장년기
에 이르자 리드 칼리지 입학을 위해 집을 떠날 때 부모님께 냉담하
고 무뚝뚝하게 인사를 드렸던 점이 정말 후회된다고 말하기도 했다.
부모님이 자신을 위해 얼마나 희생했는지 알면서도 빨리 부모 그늘
에서 벗어나 독립하고 싶어 대학교에 입학하자마자 제대로 인사도

나누지 않고 무정하게 휙 떠나 버렸던 것이다. 이런 철없는 행동이야 어릴 땐 누구나 하게 마련이기에 이를 두고 가타부타 말할 수 있는 사람은 많지 않을 것이다. 그러나 잡스가 1978년 태어난 첫 딸 리사 Lisa의 존재를 좀처럼 받아들이지 않으려 했던 건 문제였다. 당시 리사의 모친 크리산 브레넌은 형편이 여의치 않아 정부 지원금으로 생계를 이어가고 있었음에도 잡스는 아버지 노릇을 거부했다. 급기야 브레넌에게 정말 자기 자식이 맞는지 DNA 검사를 할 것을 종용했다.

리드 칼리지 입학 당시에 부모님을 서운케 한 건 젊은 날의 치기로 봐서 이해 못 할 것도 아니지만, 자기 자식을 돌볼 의무를 저버린 건 쉽게 납득하기 어렵다. DNA 검사 결과 리사가 잡스의 친자일 확률이 94%로 나오자 잡스는 통계상 오류가 있을 수 있다며 억지를 부리기 시작했다.

결국 이 문제는 법적 공방으로 이어졌고, 법원은 잡스에게 아버지로서 매달 일정 금액의 양육비를 지급하라고 판결했다. 본인도 태어나자마자 친부모에게 거부당해 입양되었으면서 딸의 존재를 인정하지 않으려 한 건 좀 심한 감이 있었다.

게다가 1978년 당시는 애플Ⅱ가 절찬리에 판매되던 중이라 잡스의 경제적 상황이 어려운 것도 아니었다. 다행히도 후에 그와 딸 리사는 좋은 관계를 회복하게 되었다.

리사와의 관계를 제외한 나머지 사생활은 일과의 양립이 제법 잘 이뤄졌던 것으로 보인다. 두 번째 아내 로렌 파월Lauren Powell과의 관계가 시작된 이후의 상황을 보면 확연히 알 수 있다. 1989년 '자칭 로맨틱 가이' 잡스는 스탠포드 대학교 학생들을 대상으로 연설을 했고, 그 학생들 가운데 MBA를 전공 중이던 미래의 아내 파월이 있었다. 잡스가 연설을 마치고 예정된 회의에 참석하기 위해 주차장으로 이동하던 중 파월이 그를 보고 다가와 말을 걸었다. 잠시 이야기를 나누고 차에 올라타 시동을 걸려던 차, 그의 머릿속에 이런 의문이 떠올랐다고 한다. '오늘 밤이 내 생의 마지막 밤이라면 회의에 갈 것인가, 이 여자와 시간을 보낼 것인가?' 결국 후자를 선택한 그는 차에서 내려 파월에게 저녁을 함께하자고 청했다.

1991년 결혼한 두 사람은 슬하에 세 자녀를 두었다. 잡스 부부는 평범한 가정을 꾸리려 노력했으나 워낙 일에 대한 집념이 대단했던 잡스였던지라 일에 쏟아붓는 시간이 현저히 많았다. 자녀들에게 늘 곁에 있어 주는 아버지 노릇은 못 했지만 자녀들은 자라고 난 후 아버지가 한 일이 얼마나 중요한지 깨달았다고 한다.

잡스는 정말 중요한 일을 해내기 위해서는 단 한 가지 목표에 매진하는 자세, 심지어 시야가 좁다는 느낌이 들 정도까지 주의를 한정시켜야 한다고 말했다. 그는 애플과, 또 세상을 바꾸겠다는 그의 야

망과 결혼했고, 이로 인해 그가 사랑하는 사람들은 어느 정도의 희생
을 감수해야 했다. 그런 잡스도 나이가 들자 어느 정도 유연해졌다.
2011년, 그는 21년의 결혼 생활을 돌이켜 보며 자신을 깊은 애정으
로 감싸 안아 준 가족들의 곁을 떠났다. 그의 삶이 남겨준 교훈 중
하나를 꼽으라면, 아무리 열심히 노력해도 다 가질 수는 없다는 점이
아닐까 싶다. 그의 삶은 비록 시작은 험난했지만 마무리는 근사했다.

Episode 15 ─────────────────────────────────

스티브 잡스의 유일한 사치품

돈은 벌만큼 번 잡스였지만 실제 생활은 상당히 검소했던 것으로 유명하다. 잡스의 가족이 머무는 저택은 참 아늑한 공간이지만 막 으리으리한 곳은 아니었다. 늘 청바지에 검정색 터틀넥만 입고 다녔던 걸 보면 값비싼 소재의 옷을 즐겨 입었다고 보기도 어렵다.

이런 잡스가 사치를 부린 단 한 가지 대상이 있었으니, 바로 세상을 떠나기 몇 달 전부터 최신 요트를 설계, 건조하는 데 상당한 에너지를 쏟아붓기 시작한 것이다. 요트가 원래 값이 나가는 물건이지만 잡스의 요트는 '특히' 그래서 설계 및 건조에 든 비용은 무려 1억3천만~2억 달러, 한화로 약 2천2백억 원에 달했다.

사랑과 미의 여신 비너스Venus의 이름을 따 비너스란 이름을 가진 이 요트는 네덜란드 알스메르Aalsmeer에 위치한 피드십Feadship 조선소에서 건조되었다. 세계 최고급 요트 건조사로 명성을 떨치고 있는 피드십이야말로 이 프로젝트의 적임자였다. 1940년대에 설립된 이 업체의 고객 명단을 보면 화려하기 그지없다. 1990년대엔 마이크로소프트 공동 창업주 폴 앨런의 요트 건조를 도맡기도 했다.

비너스는 79미터가 넘는 길이에 최신 경량 알루미늄 선체로 이뤄져 있다. 선체를 따라 늘어선 3미터 높이의 창틀 없는 창문은 마치 애플 스토어 외관을 연상케 한다. 요트 설계는 프랑스의 전설적인 산업 디자이너인 필립 스탁Philippe Starck이 맡았다. 2007년 설계 작업에 착수한 잡스와 스탁은 매주 만나 의견을 나누며 진전 및 수정을 거듭했다.

잡스가 바란 건 볼 것도 없이 간결하면서도 단순한 디자인의 요트였다. 실제로 완성된 요트의 모습을 보면 애플 스토어에서 막 튀어나온 듯한 애플스러움이 고스란히 베어 있다. 함교[8]에는 27인치 아이맥 모니터 일곱 대가 나란히 놓여 있으며, 이를 통해 선체 곳곳의 상태를 확인할 수 있다.

2011년 내내 비너스 건조에 매달린 잡스는 요트를 타 보기 위해서라도 병마를 이겨 내야 할 처지였다. 그러나 안타깝게도 선상에 누워 느긋이 즐겨 보지도 못하고 세상을 떠났다.

2012년 10월 요트가 완성되어 잡스 가족들에 의해 일반에 공개되었다. 과연 아름다운 모습이었다. 이 요트는 그렇게 많은 돈을 가졌으면서도 돈 쓰는 데에는 취미가 없던 그에게 유일하게 돈 쓰는 재미를 안겨 준 맞춤형 장난감과 같았다. 설계를 담당한 필립 스탁은 BBC와의 인터뷰에서 이렇게 말했다. "스티브와 나는 단순한 디자인이 주는 우아함, 질적 완성도가 주는 우아함에 대해 서로 공감했다."

---

8 전체 선박을 지휘·조종하는 곳

살면서 많은 걸 해 볼 기회는 좀처럼 오지 않으며, 뭔가를 할 때에는 정말 잘해야 한다. 우리 인생이란 게 그렇기 때문이다. 인생은 짧고 때 되면 우리는 떠나야 한다.

"We don't get a chance to do that many things, and every one should be really excellent. Because this is our life. Life is brief, and then you die, you know?"

스티브 잡스 *Steve Jobs*

스티브 잡스, 본인이 없는 미래를 그려 보다

> 나는 매일 아침 거울 속 내 자신에게 묻는다. '오늘이 나의 마지막 날이라면 오늘 내가 하려던 일을 정말 하는 게 맞을까?', 'No'라는 대답이 몇 번이고 반복된다면 그건 곧 이대로는 안 된다는, 뭔가 해야 한다는 뜻임을 나는 안다.
>
> — 스티브 잡스 Steve Jobs

스티브 잡스는 확실히 장기전을 펼치는 사람이었다. 그는 오늘 세상을 놀래키고 내일이면 사라질 것엔 관심 없었다. 그는 영원히 세상을 바꿔 놓을 수 있는 것을 만들고자 했다. 늘 미래를 바라봤던 그였기에 언젠간 본인도 이 세상을 떠날 수밖에 없다는 걸 누구보다 잘 알고 있었다. 2005년 잡스는 스탠포드 대학교 졸업식 축사를 통해 학생들에게 '다른 사람의 삶을 대신 살아 주느라' 얼마 되지 않는 인생을 낭비하지 말라고 당부했으며, 마음과 직관을 따를 용기를 가지라고 조언했다. 잡스는 죽음을 두려워하진 않았고, 사후 세계도 믿지 않았다. 실제로 그는 '사후 세계라는 게 과연 있기는 한가?'라는 의

문 때문에 애플 제품에 전원 스위치를 넣고 싶지 않았다고 농담처럼
말하기도 했다. 그럼에도 본인이 언젠가 이 세상에 없을 거란 명백한
사실은 살아 있는 동안 그가 더욱 자신의 일에 매진할 수 있는 동기
가 되어 주었다.

암 선고를 받고 2년이 지난 2005년, 잡스는 스탠포드 학생들에게
이렇게 말했다. "내가 곧 세상을 떠나게 될 거란 사실이 인생에서 중대
한 결정을 내리는 데 그 무엇보다 중요한 도구가 되어 주었다는 점을 기
억하세요. 거의 모든 것들, 모든 외적 기대, 자존심, 실패하면 어쩌나,
창피하면 어쩌나 하는 두려움, 이 모든 것이 죽음 앞에선 아무 의미 없
습니다."

'오늘이 이생의 마지막 날이라면 내가 어떻게 했을까?'라는 생각으
로 아내 로렌 파월과 인연의 고리를 만들었던 것처럼, 잡스는 항상
어떤 결정을 내릴 때 자신에게 더 이상의 내일이 없어도 과연 자기
가 이 결정에 만족할지 자문했다. 시간을 들여 고민해 봤지만 그 대
답이 'No'라면, 이는 뭔가 바꿔야 한다는 뜻이었다.

살날이 얼마 남지 않았던 잡스는 본인이 떠난 후에 애플이 어떻게
사업 경쟁력을 유지할 수 있을지에 대해 고민했다. '잡스=애플'이란
인식이 팽배하던 시점에서 이는 애플에게 정말 큰 도전 과제였다.
2010년, 전 세계 2천여 기업 CEO의 활동을 연구한 세 석학의 연구

결과가 발표되었다. 이들은 지리적 위치와 기업별 업종을 감안한 기업 가치와 주주수익률을 집중적으로 연구했다. 이들 중 1위로 뽑힌 CEO는 바로 스티브 잡스였다. 그는 1997년 애플로 복귀한 시점부터 2009년 9월까지 3,188%의 주주수익률과 기업 가치 1천5백억 달러 증가라는 성과를 이뤄 냈다.

잡스는 한 번도 회사 내 자신의 위치나 일반적인 CEO의 역할을 과소평가하는 법이 없었다. 그는 폴라로이드의 창업주 에드윈 랜드가 50년간 CEO 자리를 유지하다 1980년에 물러난 후 회사 사정이 급격히 악화된 건 우연히 아니라고 생각했다. 또한 잡스 자신도 이미 애플을 떠나 있던 1985년 애플이 얼마나 고전했는지 익히 알고 있었다. 그렇기에 CEO 자리에서 물러나기 전 미리 계획을 마련해 두고자 했다. 그런 맥락에서 2008년 예일대학교 경영대학원 조엘 포돌니Joel Podolny 원장을 영입해 애플 대학교 수장 자리에 앉혔다.

애플 경영진을 위한 전문적 인재 개발 프로그램인 애플 대학교에서는 학생들에게 애플의 역사, 지향하는 가치, 비전, 업무 절차 등 애플을 오늘날의 성공으로 이끈 모든 요소에 대해 가르친다. 한마디로 스티브 잡스처럼 생각하는 법을 가르치는 학교라고 할 수 있겠다.

그는 또한 적절한 시기에 아름답게 떠날 수 있도록 일상 업무에 대한 인수인계 준비도 차근차근 해 나갔다. 2011년 8월 24일 그가

CEO 자리에서 사임할 당시 그의 건강은 급속도로 악화되어 있었다. 그는 사의를 밝히는 편지를 다음과 같이 남겼다. "제가 애플 CEO로서 더 이상 제 책무와 기대를 수행할 수 없는 날이 오면 여러분께 직접 알리겠다고 익히 말씀드렸습니다. 유감스럽게도 그날이 왔습니다. 애플의 앞날에 가장 밝고 가장 혁신적인 시절이 펼쳐질 것이라 믿어 의심치 않습니다."

잡스는 그해 10월 5일 가족들이 임종을 지켜보는 가운데 세상을 떠났다. 그가 남긴 유산은 70억 달러에 달했다. 잡스의 사망 소식은 그를 개인적으로 아는 이들뿐만 아니라 유명 인사로만 알고 있던 이들에게도 큰 슬픔을 안겨 주었다.

수많은 사람이 그의 집과 애플의 쿠퍼티노 본사, 전 세계 애플 스토어 각 지점에 촛불을 들고 나와 그의 죽음을 추모했다. 잡스의 장례식은 친지들만이 참석한 가운데 쿠퍼티노에서 조용히 치러졌으며, 당시 상황을 담은 81분짜리 영상이 '잡스를 기념하며'라는 제목으로 애플 웹사이트에 게재되었다.

전 세계 재계, 정계 및 연예계 유명 인사들이 그의 죽음을 애도했다. 빌 클린턴Bill Clinton과 빌 게이츠, U2 멤버 보노BONO, 앨 고어Al Gore, 조안 바에즈 등이 추모식에 참석했으며, 노라 존스Norah Jones와 콜드 플레이Coldplay는 추모 공연을 벌이기도 했다.

　스티브 잡스는 우리에게 무엇을 남겼을까? 증권가에서는 잡스가 세상을 떠나자 애플 주주들에게 즉시 손 털고 나가라고 조언하기도 했다. '좋은 시절은 다 갔다'는 게 이들의 생각이었다. '곡예 단장이 떠난 서커스는 살아남지 못하리라.' 물론 잡스가 없는 애플은 나름의 입지를 구축하고 있고, 전과 같은 애플만의 독창성과 탁월함을 꾸준히 이어갈지가 사람들의 관심사로 남아 있다. 더불어 애플은 TV나 클라우드 관련 상품 등 잡스로부터 오래 지속될 아이디어와 청사진이라는 유산을 물려받았다.

　그러나 시장 상황은 변화할 수 있다. 잡스가 1970년부터 2010년까지 기술 업계를 주도한 위대한 인물이었단 사실, 전에 없던 유일무이한 '위대함'이었다는 사실은 역사적 기록이 되어 버렸다. 잡스가 세상을 떠나자 애플은 다음과 같은 성명을 발표했다. "세계는 스티브로 인해 가늠할 수 없을 정도로 발전했습니다."

　잡스는 우주에 흔적을 남기고자 했고, 결국은 해냈다. 그리고 또 해냈다. 그 후로도 몇 번이나 그는 자신만의 발자취를 남겼다.

감사의 글

이 책을 쓰면서 저는 스티브 잡스라는 대상을 폭넓게 파고들 수 있었습니다. 특히 <월스트리트저널>이나 <뉴욕타임스>, <타임>, <포춘>에 게재된 잡스 관련 자료로부터 상당한 도움을 받았습니다. 그 외 스티브 잡스를 한층 심도 있게 이해할 수 있도록 도와준 책들을 소개하자면, 다음과 같습니다.

『Steve Jobs: The Exclusive Biography』
월터 아이작슨 저 | 리틀 브라운 출판사 (2011)

『Iwoz: Computer Geek to Cult Icon: How I Invented the Personal Computer, Co-founded Apple, and Had Fun Doing It』
스티브 워즈니악 저 | W.W 노튼&컴퍼니 출판사 (2007)

『I, Steve: Steve Jobs in His Own Words』
조지 빔George Beahm 저 | 하디 그랜트 출판사 (2011)

『Steve Jobs: The Man Who Thought Different』
캐런 블루먼솔Karen Blumenthal 저 ㅣ 블룸스버리 출판사 (2012)

『Return to the Little Kingdom』
마이클 모리츠Michael Moritz 저 ㅣ 더크워스 오버룩Duckworth overlook 출판사 (2009)

끝으로 편집을 맡아 준 마이클 오마라Michael O'mara 출판사의 두 분, 원고를 진행한 매슈 클래이턴Mathew Clayton과 완성까지의 과정을 함께 해 준 실비아 크럼프턴Silvia Crompton에게도 고마움을 표합니다. 더불어 로지Roise에게도 고맙다는 말을 전하고 싶습니다.

스티브 잡스가 남긴 흔적들

1955 스티브 잡스 출생. 폴 잡스와 클라라 잡스 부부에게 입양됨

1971 잡스, 스티브 워즈니악을 만남

1976 애플 설립. Apple I을 최초로 선보임

1977 Apple II를 출시함

1978 잡스의 여자친구 크리산 브레넌이 딸 리사를 출산함

1980 애플 상장. 기업 가치 17억 8천만 달러를 기록함

1982 〈타임〉에서 애플 컴퓨터를 '올해의 기기'로 선정함. 스티브 잡스를 '문을 박차고 나와
      PC 세계를 움직인' 인물로 묘사함

1984 애플 매킨토시를 출시함

1985 잡스, 애플을 퇴사하고 NeXT를 설립함

1986 잡스, 조지 루카스로부터 그래픽스 그룹The Graphics Group을 인수, 후에 '픽사'로
      사명을 변경함

1987 스티브 워즈니악, 개인적 이유로 애플을 퇴사함

1988 NeXT의 첫 컴퓨터 제품을 출시함. 픽사의 〈틴 토이Tin Toy〉가 오스카 최우수 단편애
      니메이션상을 수상함

1991 잡스, 로렌 파월과 결혼한 뒤 그해 아들 리드Reed를 출산함

1995 픽사에서 〈토이 스토리〉를 제작함. 미국에서만 2억 관객을 돌파하며 오스카 특별공로
      상을 수상함. 잡스 부부, 딸 에린Erin을 출산함

1996 애플, NeXT를 인수함. 잡스, 애플 이사회 고문으로 취임함

1997 잡스, 애플로 복귀한 뒤 CEO 대행으로 부임함

1998 잡스 부부, 딸 이브Eve를 출산함

2000 잡스, 애플 CEO로 취임함

2001 첫 애플 스토어를 개점하고 아이팟을 출시함

2002 픽사, 〈몬스터 주식회사Monster Inc.〉로 오스카 최우수 주제가상을 수상함

2003 아이튠즈 뮤직 스토어The iTunes Music Store를 미국에 출시함

2004 잡스, 췌장암 치료를 시작함. 픽사, 〈니모를 찾아서Fiding Nemo〉로 오스카 최우수 장
    편애니메이션 작품상을 수상함

2005 픽사, 〈인크레더블The Incredibles〉로 오스카 최우수 장편애니메이션 작품상 및 최우
    수 음향효과상을 수상함

2006 디즈니가 픽사를 인수하고, 잡스가 디즈니 이사회에 진출함. 애플 맥북the MacBook
    을 출시함

2007 애플 컴퓨터 사Apple Computer Inc.에서 애플 사Apple Inc.로 사명을 변경함. 아이폰
    을 출시함

2008 맥북 에어를 출시함. 픽사, 〈라따뚜이Ratatouille〉로 오스카 최우수 장편애니메이션 작
    품상을 수상함

2009 잡스, 건강 악화로 6개월간 병가에 들어감. 〈포춘〉에서 잡스를 최근 10년을 대표하는
    CEO로 선정함. 픽사, 〈월-EWALL-E〉로 오스카 최우수 장편애니메이션 작품상을 수
    상함

2010 아이패드를 출시함. 애플, 650억 달러의 매출과 140억 달러의 수익을 달성함. 또한,
    마이크로소프트를 제치고 IT기업 시가 총액 1위를 차지함. 픽사, 〈업Up〉으로 오스카
    최우수 장편애니메이션 작품상 및 최우수 영화음악상을 수상함

2011 애플, 시가 총액 3,760억 달러로 세계 1위 기업으로 등극함. 픽사, 〈토이 스토리3Toy
    Story3〉로 오스카 최우수 장편애니메이션 작품상 및 최우수 주제가상을 수상함. 전 세
    계적으로 10억 매출을 달성해 애니메이션 흥행 성적 1위를 기록함. 잡스, 8월에 애플
    CEO직을 사임한 뒤 10월 췌장암 합병증으로 타계함

당신의 인생을 눈부시게 할 힌트

잡스처럼
How to Think like **STEVE JOBS**
생각하기

초판 1쇄 인쇄 | 2015년 11월 7일
발행 1쇄 발행 | 2015년 11월 13일

지은이 | 다니엘 스미스

발행인 | 이웅현
발행처 | (주)도서출판 도도

전무이사 | 최명희
편집·교정 | 박주희
내지 디자인 | 김진화, 원지영
표지 디자인 | 김진희
제작 | 손은빈
홍보·마케팅 | 이인택

옮긴이 | 허수빈

출판등록 | 제300-2012-212호
주소 | 서울시 중구 충무로 29 아시아미디어타워 503호
전자우편 | dodo7788@hanmail.net
내용 및 판매문의 | 02-739-7656~9

ISBN 979-11-85330-29-7 (03320)
정가 14,800원

Copyright ⓒ (주)도서출판 도도

잘못된 책은 구입하신 곳에서 바꾸어 드립니다.
이 책에 실린 글과 사진은 저작권법에 의해 보호되고 있으므로 무단 전제와 복제를 일절 금합니다.